17

Abnormal Psychology

알코올 장애

하현주 지음

_ 잊고 싶은 현실, 잃어버린 자아

학 지사

'이상심리학 시리즈'를 내며

21세기를 살아가는 우리는 급격한 변화와 치열한 경쟁으로 이루어진 현대사회에 적응해야 하는 커다란 심리적 부담을 안고 있다. 이러한 현실 속에서 현대인은 여러 가지 심리적 문제와 장애에 직면하게 될 가능성이 높다.

정신건강에 대한 사회적 관심이 증대되면서, 이상심리나 정신장애에 대해서 좀 더 정확하고 체계적인 지식을 접하고자 하는 사람들이 늘어나고 있다. 그러나 막상 전문서적을 접하게 되면, 난해한 용어와 복잡한 체계로 인해 쉽게 이해하기 어려운 것이 현실이다.

이번에 기획한 '이상심리학 시리즈'는 그동안 소수의 전문가에 의해 독점되다시피 한 이상심리학에 대한 지식을 일반 독자들에게 소개하기 위한 것이다. 이를 위해서 다양한 정신장애에 대한 최신의 연구 내용을 가능한 한 쉽게 풀어서 소개하려고 노력하였다.

'이상심리학 시리즈'는 서울대학교 심리학과 임상ㆍ상담 심리학 교실의 구성원이 주축이 되어 지난 2년간 기울인 노력의 결실이다. 그동안 까다로운 편집 지침에 따라 집필에 전념해준 집필자 모두에게 감사드린다. 아울러 어려운 출판 여건에도 불구하고 출간을 지원해주신 학지사 김진환 사장님과 한 권 한 권마다 좋은 책이 될 수 있도록 성심성의껏 편집을 해주신 편집부 여러분에게 고마움을 표한다.

인간의 마음은 오묘하여 때로는 "아는 게 병"이 될 수 있다. 그러나 이러한 우려보다는 "아는 게 힘"이 되어 보다 성숙하고 자유로운 삶을 이루어나갈 수 있는 독자 여러분의 지혜로움을 믿으면서, '이상심리학 시리즈'를 세상에 내놓는다.

서울대학교 심리학과 교수
원호택, 권석만

2판 머리말

　동서고금을 막론하고 인류 문화에서 술은 빼놓을 수 없는 중요한 역할을 하였다. 고대로부터 술은 제의를 통해 신이 인간을 만나는 데 쓰이는 영혼의 촉매제로서 기능해 왔다. 또한 예술가들에게는 빼놓을 수 없는 오랜 벗이자 영감의 원천이기도 했으며, 노동자들에게는 지친 육체를 달래고 원기를 불어넣는 회복제가 되기도 했다.

　알코올은 우리의 삶을 즐겁고 풍요롭게도 하고 황폐하게도 할 수 있는 물질이다. 술이 우리의 삶을 더 즐겁고 편안하게 만드는 순기능을 하기 위해서는 술을 지혜롭게 마시되, 술에 빠져서 자신과 가정을 망쳐서는 안 될 것이다. 술이 약이 아니라 치명적인 독이 되어버린 사람들, 알코올 장애라는 늪에 빠져있는 사람들, 그리고 이들과 함께 고통받고 있는 가족들에게 도움이 되기를 바라는 마음으로 이 책을 집필하였다.

　이 책은 2002년 출간된 『알코올 중독』을 새로 바뀐 『정신질환의 진단 및 통계 편람 제5판DSM-5』에 맞추어 개정한 것이다.
제목도 '알코올 중독'에서 '알코올 장애'로 변경하였고, 변경
된 진단기준 또한 수정하여 제시하였다. 변경된 진단명은 '알
코올 장애'이지만, 이전 연구들에서 알코올 의존상태를 지칭하
는 알코올 중독alcohol addiction, alcoholism이라는 용어를 사용한 경
우는 그대로 '알코올 중독'이라는 표현을 사용하였다. 이상심
리학 시리즈의 집필 취지에 따라 일반 독자가 쉽게 이해할 수
있도록 내용을 풀어쓰고자 하였고, 본문의 참고문헌 표시도 꼭
필요한 경우가 아니면 생략하였다. 최신의 연구 결과들을 조금
더 보충하고자 하였으나 아쉬움을 뒤로 하고 책을 내놓는다.

이 책은 『알코올 중독』 1판 원고를 사용할 수 있도록 허락해
주신 정남운 교수님, 박현주 교수님의 노고에 전적으로 힘입은
결과물이다. 원고 사용을 허락해 주신 두 교수님께 진심으로 감
사드리며, 이 책이 나오기까지 오랜 기간 성의를 다해 기다려
주시고 작업해 주신 권석만 교수님과 학지사 '이상심리학 시리
즈' 기획진 및 편집진 분들께도 깊은 감사의 마음을 전한다.

이 책이 술로 인해 인생이 잠식되어 가는 위기를 느끼는 많
은 사람, 또 그 가족과 지인에게 조금이나마 유용한 정보를 제
공하기를 바란다.

2016년
하현주

차 례

알코올 장애란
무엇인가

1. 알코올의 역사

술알코올 음료이란 에탄올을 1% 이상 함유한 음료를 총칭한다. 여기서 에탄올은 알코올 발효 미생물들이 생명을 유지하는 데 필요한 에너지를 얻기 위해서 포도당을 분해하여 생긴 대사 산물이다. 술은 1g당 7kcal의 높은 열량을 가지지만 단백질, 비타민 및 무기질 등 영양학적으로 중요한 성분은 하나도 없기 때문에 식사를 소홀히 하면서 술을 마시면 영양결핍, 특히 비타민 결핍으로 인해 여러 가지 신체적인 질병이 생기기 쉽다. 그럼에도 불구하고 계속하여 음주를 하면 몸과 마음이 알코올에 적응하고 의존하는 중독addiction 상태에 빠지게 된다.

알코올alcohol이라는 용어는 아랍어 'al아랍의 정관사'과 'Kohl아랍에서 증류기로 제조한 화장품 이름'에서 온 것으로 보고 있다. 이것을 알코올이라는 의미로 처음 사용한 것은 16세기의 스위스 의사이자 연금술사인 '파라켈수스Paracelsus'였다고 한다. 알코

올은 '가장 순수한 에센스'라는 의미로 쓰이다가 의학 라틴어
에서 증류된 액체를 지칭하는 말로 변형되면서 현재와 같은
용어로 쓰이고 있다.

아마도 알코올은 세계에서 가장 오래되고 또 가장 널리 사
용되는 '약물'일 것이다. 신석기 시대인 기원 전 7,000년경의
기록에서도 알코올이 수많은 관습과 의례에 관련되어 있음을
발견할 수 있다. 이 시대의 사람들은 곡물을 발효시켜서 알코
올 음료를 만드는 법을 알고 있었다. 또한 고대 페르시아에서
는 왕과 신하들이 술을 마신 상태에서 국가의 중대사를 의논
하고는 술이 깬 다음에 그 결정들을 다시 검토하는 방식을 취
하였다고 한다.

알코올은 종교 의식에서도 중요한 역할을 해 왔다. 포도주
는 기독교 사회에서 예수 그리스도의 피의 상징으로 간주되
었다. 수천 년에 걸쳐서 알코올은 사회생활에 필요한 음료,
제의의 도구, 신경안정제, 진정제, 자극제 등으로 사용되어
왔다. 심지어는 알코올에 취하는 동물도 있다고 한다. 동아프
리카 코끼리는 발효된 망고를 찾아 먹고는 취해서 사나워졌
다고 한다.

술은 그 시대 및 사회의 문화 관습과 밀접한 관련이 있다.
예를 들어, 회교권 문화에서는 술을 금지한다. 반면, 술을 많
이 마시는 것을 일종의 종교의식으로 행하는 문화도 있는데

아즈텍 사람들은 신을 공격하지 않는다는 의미로 모든 종교의
식에서 술에 취하곤 하였다.

　고대 그리스에는 술의 신 디오니소스Dionysos가 있었다. 그
리스인들은 디오니소스가 술을 마심으로써 인간의 모든 마음
의 상처를 치료할 수 있다고 믿었다. 그러나 그리스인들이 그
렇게 술을 많이 마신 것으로 보이지는 않는다. 플라톤Platōn은
30살이 되지 않은 사람은 술을 마실 수 없고, 30살이 넘어야
몸에 있는 질병의 고통을 덜기 위해 술을 마실 수 있다고 함으
로써 술을 마시는 것에 강한 제한을 두었다.

　로마의 사람들은 포도주를 마시는 것에 익숙하였다. 1세기
경 도미시안 황제는 술이 사회에 너무나 널리 퍼져 있다는 사
실에 놀라고는 로마에 있는 포도원의 절반 이상을 없애고 황
제의 명령 없이는 포도를 재배하지 못하도록 하였다.

　중세 시대에도 술을 구할 수 있는 사람들은 하루 종일 술을
마시곤 하였다. 중세 시대는 '암흑의 시대'로, 먹을 것은 별로
없고 대부분 사람에게 일상생활은 고된 노동과 힘겨운 생활의
연속이었다. 이런 상황에서 알코올은 고된 하루를 위로하는
역할을 해 주었다.

　약 1,000년 전 증류법이 새롭게 발견되면서 진이나 위스키
와 같은 독한 술이 만들어지기 시작하였다. 연금술사들은 이
새롭고 놀라운 약에 감탄하면서 그것을 절대적으로 신봉하였

다. 그들은 심지어 알코올이 노화를 방지하는 효과가 있다고 믿기도 하였다.

18세기에 영국 군인들이 네덜란드에서 싸구려 진을 가지고 영국으로 돌아오면서 진이 영국에 전파되기 시작하였다. 진은 급속도로 영국 전역에 퍼져 나갔다. 이즈음 영국은 산업혁명이 시작되던 시기였다. 날마다 혹독한 생활이 이어졌고, 노동자들에게 월급을 지불할 수 없을 때에는 때로 월급 대신 진을 주기도 하였다. 어디에나 진을 파는 술집이 있었고, '1페니만 있으면 술을 마실 수 있고, 2페니가 있으면 떡이 되도록 취할 수 있다'는 선전 문구가 나돌았다. 심지어 술집 바닥에는 술에 취한 사람이 편안히 누워 있을 수 있도록 짚이 깔려 있었다.

술은 영국 사회에 점점 더 깊이 파고들어 갔고 상황은 계속 악화되어 갔다. 급기야 1736년에 영국의회는 알코올의 판매에 여러 가지 제한을 가하는 「진 법령the Gin Act」을 도입하였다. 하지만 이 법령은 폭동과 대대적인 반대운동을 일으켜 결국 1743년에 폐지되었다.

1873년 미국에서는 기독교 여성금주운동이라고 하는 금주운동이 일어났다. 이들은 알코올이 죄악이라고 믿으면서 시내 주요 고급 술집을 점거하고, 무릎을 꿇고 기도하면서 술집 주인들에게 술집 문을 닫을 것을 요구하였다. 전국 곳곳의 여성들이 이 운동에 동참했고, 수개월 새에 수천 개의 고급 술집이 적어도 일시적으로나마 문을 닫게 되었다. 금주운동가들은 알코올을 금지하기 위한 강력한 로비를 벌였고, 1920년에 결국 그들이 승리함으로써 금주령이 내려졌다. 이후 13년 동안 알코올은 완전히 불법화되었다.

그러나 금주령이 그 효력을 발휘하기란 매우 어려운 일이었다. 술을 사고파는 것이 불법화되자 사람들은 스스로 술을 만들기 시작했고 불법적인 술집이 밤새도록 영업하였다. 대규모 밀조 시장이 생겨났고, 마피아와 같은 갱단이 이를 운영하였다. 결국 1933년에 금주령은 더 이상의 효력을 발휘하지 못하고 폐지되었다.

오스트레일리아의 경우에는, 1788년 아더 필립A. Phillip 선장과 선원들이 시드니 항에 영국 국기를 올리고 왕을 위한 축배를 올리면서 오스트레일리아 역사에 알코올이 들어오게 되었다. 초기에는 럼주가 원주민들과 물물교환을 할 수 있는 중요한 교환 수단으로 사용되었다. 기록을 보면 최초로 오스트레일리아에 정착한 유럽인들의 일인당 알코올 섭취량이 인류 역사상 가장 많았던 것으로 보인다. 생활 조건은 극도로 혹독했고 알코올은 식민 생활의 비참한 현실로부터의 도피처가 되어 주었다. 1836년 퍼스Perth 지역에서는 75명당 한 집 꼴로 허가를 받은 술집이 있었고, 노동자들은 연간 54.5*l*의 알코올을 월급 대신으로 받았다고 한다.

한편, 역사적으로 뛰어난 예술가 중 알코올 장애였던 것으로 추정되는 인물이 여럿 있다는 사실은 흥미롭다. 화가였던 고흐Gogh, 로트레크Lautreć, 모딜리아니Modigliani, 알코올 장애로 사망한 잭슨 폴록J. Pollock 등은 술에 취한 채 작품 세계를 일구어 갔던 것으로 유명하다. 특히 압생트absinthe라는 에메랄드빛의 독주는 19세기의 유명한 화가였던 마네Manet, 드가De Gas, 고흐, 로트레크, 피카소Picasso와 같은 화가에게 사랑받았으며, 당시의 예술 작품들에는 압생트를 마시는 사람이 자주 등장하기도 하였다. ◆

2. 알코올 장애의 진단

일반적으로 허용되는 양 이상의 음주를 하여 개인의 건강이나 사회적·직업적 기능에 장애가 있음에도 불구하고 계속해서 음주를 하는 경우를 알코올 중독alcohol addiction이라고 한다. 세계보건기구WHO는 알코올 중독을 "전통적 음주 습관의 영역을 넘거나 지역사회 전체의 사회적 음주 습관의 범위를 넘어 음주하는 경우를 말하며, 그에 부수된 병적 인자가 얼마만큼 유전, 체질 또는 신체병리적·대사적 영향을 받고 있는가에 관계없이 그것을 알코올 중독이라고 한다."라고 정의하고 있다.

미국의학협회America Medical Association: AMA는 알코올 중독을 "음주에 편향된 특징을 가진 질환으로서 음주가 시작되면 대개 중독 상태가 되어야 끝나며, 만성적이고 진행적으로 재발되는 경향을 가지고 있다. 또한 지속적이고 과도한 음주 때문

에 전형적인 신체장애, 정신장애, 직업장애, 사회부적응 등이
수반되는 특징을 가진다."라고 정의하였다.

또 어떤 학자는 알코올 중독을 알코올 섭취를 중단하였을
때 손발이 떨리거나 발작, 환각, 섬망증 같은 금단증상을 일으
키는 경우, 알코올에 대한 내성 때문에 많은 양의 술을 마셔야
하는 경우, 실직이나 가정 파괴 및 건강에 대한 의사의 경고에
도 불구하고 술을 계속하여 마시는 경우, 간염, 간경변, 위장
염 같은 알코올과 관련된 질병에도 불구하고 술을 계속하여
마시는 경우로 나누어 알코올 중독을 광범위하게 정의하기도
하였다.

이처럼 알코올 장애는 여러 연구에서 다양하게 정의되어 왔
으나 알코올 장애 진단에서 가장 널리 받아들여지고 있는 것은
알코올 의존alcohol dependence과 알코올 남용alcohol abuse이었다.

알코올 의존은 알코올 사용에 있어서 자기통제가 불가능하
여 뜻하지 않은 결과를 가져옴에도 불구하고 알코올 섭취를
계속하는 인지적 · 행동적 · 심리적 증상을 가리키며 내성耐性,
tolerance과 금단증상withdrawal이 여기에 포함된다. 일반적으로
통용되는 알코올 중독이 이에 해당된다. 신체적으로 형성된
알코올의 금단증상을 피하기 위해 알코올을 계속 사용하게 되
는 상태를 신체적 의존이라고 하고, 알코올을 계속 사용함으
로써 긴장과 감정적 불편을 해소하려는 현상을 심리적 의존이

라고 한다.

알코올 남용이란 사회적 또는 직업상의 기능장애를 초래하는 알코올의 병적인 사용, 즉 사회적 음주와는 상관없이 알코올을 지속적으로 빈번히 마시는 것을 말한다. 즉, 알코올 남용은 알코올로 인해 생활상에 큰 문제가 드러나지만 내성과 금단증상이라는 생리적 의존 현상은 아직 나타나지 않은 상태를 일컫는다.

알코올 의존과 알코올 남용은 각기 구분되어 진단되었으나, 여러 연구에서 알코올 의존과 남용의 상관이 매우 높은 것으로 나타나 이를 통합할 필요성이 꾸준히 제기되어 왔다. 이에 따라 『정신장애의 진단 및 통계 편람 제5판Diagnostic and Statistical Manual of Mental Disorders (5th ed.): DSM-5』에서는 의존과 남용을 통합하여 '알코올 사용 장애alcohol use disorder'라는 하나의 진단 범주로 통합하였고, 심각도에 따라 3등급으로 나누었다. 또한 알코올의 섭취나 사용으로 인해 나타나는 금단증상과 같은 부적응적인 후유증을 '알코올 유도성 장애alcohol induced disorder'로 분류하였다.

DSM-5의 전체 맥락에서 살펴보면, 물질 관련 및 중독 장애substance-related and addictive disorders라는 상위 분류에 알코올 관련 장애, 타바코 관련 장애, 기타 물질 관련 장애, 비물질 관련 장애예: 도박장애가 하위 분류로 있으며, 이 중 알코올 관련 장애는 다시 알코올 사용 장애와 알코올 유도성 장애로 나뉜다. 각각 의 구체적인 진단기준을 살펴보면 다음과 같다.

1) 알코올 관련 장애의 진단기준

(1) 알코올 사용 장애

① 알코올 남용

술로 인해 전반적인 생활을 정상적으로 꾸려 나가지 못하는 경우 알코올 남용 상태를 고려해 볼 수 있다. 알코올 남용 상태에 있는 사람은 계속해서 알코올에 취해 있는 경우가 흔

> 🔑 **알코올 사용 장애의 DSM-5 진단기준** (DSM-5; APA, 2013)

임상적으로 심각한 기능 손상이나 고통을 유발하는 알코올 사용의 부적응적 패턴이 다음 중 2개 이상의 방식으로 지난 12개월 이내에 나타났어야 한다.

1. 알코올을 흔히 예상했던 것보다 더 많은 양 또는 더 오랜 기간 마신다.
2. 알코올 사용을 줄이거나 통제하려는 지속적인 노력을 기울이지만 매번 실패한다.
3. 알코올을 획득하고 사용하며, 그 효과로부터 회복하는 데 많은 시간을 허비한다.

4. 알코올을 마시고 싶은 갈망이나 강렬한 욕구를 지닌다.
5. 반복적인 알코올 사용으로 인해서 직장, 학교나 가정에서의 주된 역할 의무를 수행하지 못한다.
6. 알코올의 효과에 의해서 초래되거나 악화되는 사회적 또는 대인관계적 문제가 반복됨에도 불구하고 지속적으로 알코올을 사용한다.
7. 알코올 사용으로 인해서 중요한 사회적 · 직업적 활동 또는 여가 활동이 포기되거나 감소된다.
8. 신체적 위험이 존재하는 상황에서도 반복적으로 알코올을 사용한다.
9. 알코올에 의해서 초래되거나 악화될 수 있는 지속적인 신체적 또는 심리적 문제가 있음을 알면서도 알코올 사용을 계속한다.
10. 내성tolerance이 다음 중 하나의 방식으로 나타난다.
    a. 알코올에 취한 상태가 되거나 원하는 효과를 얻기 위해서 현저하게 증가된 양의 알코올이 필요하다.
    b. 같은 양의 알코올을 지속적으로 사용함에도 현저하게 감소된 효과가 나타난다.
11. 금단withdrawal이 다음 중 하나의 방식으로 나타난다.
    a. 알코올의 특징적인 금단 증후군이 나타난다.
    b. 금단증상을 감소하거나 피하기 위해서 알코올또는 관련된 물질을 마신다.

　　11개 진단 기준 중 2~3개에 해당하면 경도mild, 4~5개에 해당하면 중등도moderate, 6개 이상이면 중증도severe로 심각도를 세분하여 진단한다.

하고 온갖 노력에도 불구하고 알코올을 끊지 못한다. 이런 상태에 있는 사람은 친구, 가정 및 직장에 대해 자신의 책임을 완수하지 못할 지경에 이르기도 한다. 또한 남에게 해를 끼치거나, 알코올을 구입하기 위해 범죄를 저지름으로써 법적인 문제를 일으킬 수도 있다. 술로 인해 학교나 직장생활을 해 나가는 데 어려움을 겪고 결석을 하거나 결근을 하며, 주부의 경우 자녀 양육이나 집안일을 게을리 하게 되는 경우도 있다.

가장 대표적인 문제로는 술을 마신 상태에서 운전을 하는 것이며, 또 술을 마신 상태에서 위험한 기계를 작동시키기도 한다. 술을 마신 상태에서 행패를 부리거나 싸움을 하거나, 음주운전으로 체포되는 것과 같이 법적인 문제를 일으키기도 한다. 또한 술을 마신 다음에 취한 상태에서 배우자와 싸움을 하거나 때린다든지, 아이들을 학대하거나 다른 사람을 때리는 등 여러 가지 심각한 사회적 문제나 대인관계에서의 문제를 일으킬 수 있다. 이들은 술을 마시는 것으로 자신에게 이 모든 문제가 일어난다는 것을 알면서도 계속해서 술을 마신다.

② 알코올 의존

알코올 의존은 알코올에 생리적으로 의존하고 있는 한층 심각한 장애다. 알코올 의존은 고전적인 중독 증세, 즉 내성이나 금단증상이 있을 경우에 해당한다. 이를테면, 아침마다 몸이 떨리고 오한이 난다든가, 몸의 컨디션이 안 좋은데 술을 마셔야만 좋아지는 경우다. 여기서 의존성 또는 중독이란 신체가 장기간 투여한 어떤 약물에 대해 부정적인 생리학적 반응을 나타내는 것을 의미한다.

중독성 약물이 오랫동안 투여되면 이 약물에 대한 내성이 강해진다. 내성이 강해진다는 것은 신체 조직이 특정한 화학물질에 습관화되어서 이전과 비슷한 수준의 섭취 효과를 내려면 점점 더 많은 양의 약물이 필요해진다는 것이다. 이런 상태에서 알코올을 섭취하는 횟수나 양이 갑자기 감소되면 금단반응withdrawal reaction이 나타난다. 즉, 알코올을 장기적으로 복용하는 것이 신체의 생리적 조건을 크게 변화시켜서 알코올이 계속 투여되지 않으면 신체가 비정상 상태에 빠지게 되는 것이다.

일단 강박적으로 술을 마시는 습관이 생기면 알코올 의존 상태에 있는 사람들은 술에 대해 강한 집착을 보이고 술을 구하고 찾는 데 많은 시간을 소비한다. 이들은 자신에게 매우 해로운 심리적·신체적 결과예: 우울증, 기억상실, 간질환 및 기타 후유증가 있음에도 불구하고 계속 술을 마시려고 한다. 내성 및 금단증상과 관련된 생리학적 기제들은 아직 충분히 알려져 있지 않다.

(2) 알코올 유도성 장애

① 알코올 중독

알코올 중독alcohol intoxication은 술에 취해 있는 상태에서 임상적으로 심각한 부적응적 행동 변화나 심리 변화가 발생하는 것이다. 알코올 중독이라는 용어는 다음의 2가지 용례로 혼용되고 있어 명확히 구분하는 것이 필요하다. 알코올 장애를 표현하는 일상적인 용어인 알코올 중독alcohol addiction은 알코올 의존이 지속되는 상태를 지칭하는 용어이며, 알코올 유도성 장애에서의 알코올 '중독intoxication'이란 알코올에 취해 정상적이지 않은 상태를 보이는 것을 기술하는 용어다. 다시 말해, 적절하지 않은 성적 행동이나 공격적 행동, 정서불안, 판단력의 혼탁, 사회생활이나 직업적 일을 제대로 하지 못하는 것과 같은 부적응이 초래되고, 이런 변화와 함께 다음 중 1개 이상의 증상이 나타난다. 말이 꼬이고 몸이나 손을 제대로 움직이지 못하고, 걸음걸이가 불안정하며 비틀거리게 되며, 안구진탕이 일어나고, 집중력과 기억력이 떨어지며, 정신이 또렷하지 못하고 혼미한 상태가 된다. 이런 증상들은 벤조디아제핀benzodiazepine이나 바비튜레이트barbiturate와 같은 약물에 중독되어 있는 상태에서 보이는 모습과 비슷하다. 이와 같은 증상들은 일반적인 의학적 상태로 인해 일어나는 것이 아니어야 하며, 또 다른 정신장애로도 설명되지 않아야 한다.

2. 알코올 장애의 진단 ✻ 27

② 알코올 금단

알코올 금단alcohol withdrawal은 지속적인 알코올 섭취를 중단
했을 때 여러 신체적 · 심리적 증상이 나타나는 상태다. 알코
올 금단은 알코올 섭취를 중단한 이후 수시간 또는 수일 이내
에 다음 중 2개 이상의 증상을 보인다. 즉, 자율신경계 기능이
항진되어 땀을 흘리거나 맥박이 100bpm 이상으로 증가, 손
떨림의 증가, 불면증, 오심 및 구토, 일시적 환시 · 환청 · 환
촉 또는 착각, 정신운동성 초조증psychomotor agitation, 불안, 발
작 증상이다. 이와 같은 증상으로 인해 사회적 · 직업적 또는
다른 중요한 기능 영역에서 심각한 고통이나 장해를 초래할
경우 알코올 금단으로 진단될 수 있다.

알코올 금단증상은 오랜 기간 계속해서 술을 많이 마시다
가 술의 양을 줄인 후, 혈중 알코올 농도가 급속히 떨어지는
4~12시간 정도가 지나면 나타나는 경우가 대부분이나, 간혹
며칠 후에 나타나는 경우도 있다. 알코올 금단증상은 금주 후
이틀째에 가장 강도가 높고, 4~5일이 지나면 현저히 개선된
다. 이러한 급성 금단증상기가 지난 후에도 불안, 불면, 자율
신경계 기능의 저하는 3~6개월 가량 지속될 수 있다.

알코올 금단이 일어나면 매우 불쾌하고 힘든 상태가 되며
그 효과가 매우 강력하기 때문에, 술을 마시지 않아 금단증상
에 빠진 사람들은 술이 자신에게 해롭다는 것을 알면서도 고

통스럽고 강렬한 금단증상에서 빠져나가기 위해 다시 술을 마시게 된다. 한편, 알코올 의존 상태에 있는 사람 중에는 이런 금단증상을 경험하지 않는 사람도 있으며, 금단증상이 나타난 다음에 심각한 합병증이 생기는 사람은 전체 알코올 장애 환자의 5%에 불과하다.

이 밖에도 알코올 유도성 장애에는 알코올 유도성 불안장애, 알코올 유도성 성기능장애, 알코올 유도성 치매, 알코올 유도성 기분장애, 수면장애, 기억상실장애, 정신증적 장애 등이 있다.

2) 알코올 장애의 유병률

알코올 장애는 여러 정신장애 중에서도 유병률이 가장 높은 장애 가운데 하나다. 2011년 보건복지부에서 실시한 정신질환 실태 역학조사에 따르면, 25개 정신질환 중 알코올 사용장애가 13.4%로 가장 높은 평생 유병률을 보이고 있다. 특히 남성의 평생 유병률은 20.7%로 남성 5명 중 1명은 평생 한 번 이상 병적 음주알코올 사용 장애를 경험한 것으로 나타났다. 알코올 사용 장애의 1년 유병률은 전체의 4.3%남성 6.6%, 여성 2.1%로 집계되었다. 한편, 알코올 사용 장애 환자 가운데 정신의료서비스를 이용한 비율은 8.6%에 그치고 있어 치료받지 않고 중

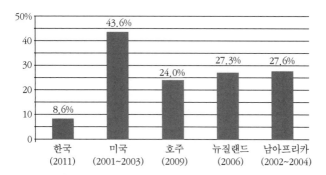

〈알코올 사용 장애 이환자 중 정신의료서비스를 이용한 비율 비교〉
출처: 보건복지부(2011).

상을 방치하는 경우가 대다수인 것으로 나타났다.

우리나라는 1970년대 이후 급격한 경제 성장을 하면서 알코올 남용이나 알코올 장애가 심각한 문제로 대두되기 시작하였다. 한 예로, 남성 살인자의 42%, 강간범죄자의 76%가 술에 취한 상태에서 범죄를 저질렀고, 교통사고 운전자의 30%가 음주 상태였다고 한다.

우리나라의 알코올 소비량은 1960년 당시 국민 1인당 0.7*l*였던 것이 1981년에는 5.4*l*로 세계에서 가장 높은 수준으로 증가했다. 2011년 국제통계연감에 따르면, OECD 국가들의 알코올 소비량이 감소 추세에 접어들고 있는데도 국내는 1인당 알코올 소비량이 2008년 9.5*l*에서 2011년 14.8*l*로 증가했다.

더욱이 증류주만 따졌을 때는 세계 1위 수준이다.

한편, 만성 음주자의 간질환과의 관련성을 알아본 한 연구에 따르면, 이들 가운데 50%가 간질환을 보였다고 한다지방간 7.5%, 알코올성 간염 15%, 알코올성 간염 의심 환자 27.5%.

또한 알코올 의존의 재발은 다른 질병에 비해 매우 높은 수준으로 알려져 있다. 치료받은 알코올 의존 환자들의 관해율 remission rate은 21~83%로 큰 폭을 나타낸다. 이 중 1개월째 단주율은 43%이지만, 3개월 이내에 50~60%가 재발한다는 결과들이 보고되고 있다. 국내 연구에서는 6개월 이내에 80% 정도가 재발하였고, 1년 단주에 성공한 경우는 12~13%에 불과하였다.

여성의 재발률이 남성보다 유의하게 높았으며, 단주에 성공한 집단과 재발한 집단을 분석한 결과에 따르면 입원 후 충분히 치료를 받고 계획하여 퇴원한 사람일수록 자신의 문제에 대한 변화 동기 수준이 높았고, 단주 욕구가 높을수록 단주 성공률이 높았다고 한다. 또한 단주친목과 같은 자조 및 치료 모임에 적극적으로 참여하고, 직업이 있으며, 가족의 태도가 협조적일수록 성공할 확률이 높았다. 반면, 불안장애 및 우울장애가 있을수록 재발 확률이 높았다. ❖

3. 알코올 장애의 과정

엘리네크(Jellinek, 1952)는 남성 알코올 장애 환자 2,000명을 대상으로 광범위한 조사를 한 결과, 알코올 장애가 진행성 질병이라고 제안하였다. 그에 따르면 알코올 장애에 이르기까지는 다음과 같은 4단계를 거친다.

첫 단계는 전알코올 증상 단계인데, 이 단계에서는 술을 마시는 사람이 반복적으로 술을 마심으로써 긴장이 줄어드는 것을 느끼기 시작한다. 이 시기는 사회적 음주 단계로, 술을 통해 대인관계가 편해지거나 스트레스가 해소되는 긍정적인 경험이 대부분이며, 술로 인한 피해나 대가를 치르지는 않는 것이 대부분이다.

두 번째 단계는 전조 단계로서, 문제성 음주에 해당한다. 이 단계에서는 점차 술에 대한 의존이 강해지게 되어 가족 몰래 술을 마시거나 중요한 발표 혹은 모임을 앞두고 긴장을 풀기 위해 몰래 술을 마시는 경우도 발생한다. 또한 술의 양도 점차 늘어나고, 술 마시는 속도도 더 빨라진다. 술을 마시는 동안에 일어났던 사건을 기억하지 못하는 경우가 생기고, 술에 더 집착하며, 술을 마시는 것에 대해 죄의식을 갖지만 술이 문제가 된다는 사실은 부정한다. 이 단계에서부터 알코올은 음료라기보다는 약물로 사용되기 시작한다.

　세 번째 단계인 결정적 단계부터는 알코올 장애라고 이름 붙일 수 있는 단계로, 술을 줄이거나 그만 마시겠다고 약속을 하고 스스로 자제를 하려고도 하지만, 대부분 일단 술을 한 모금 마시면 조절 능력을 상실한 채 심하게 몸이 아프거나 술에 완전히 취해 더 이상 술을 마시지 못할 때까지 계속 술을 마신다. 이 단계에서는 본인의 성격에도 변화가 일어나 자신의 처지를 비관하고 자신의 잘못이나 한계에 직면하기보다는 부조리한 사회를 탓하거나 가족 혹은 직장 내에서 자신이 희생양이라고 생각하기도 한다. 스스로 술을 마시는 것을 합리화하고, 시간에 구애를 받지 않고 아침이나 낮에도 술을 마시며, 술을 훔치기도 하며, 술 때문에 친구나 가족과 등을 돌리는 등의 문제가 생긴다. 이 단계까지는 그래도 어느 정도 절제 능력이 유지되는 것으로 보인다. 수주 혹은 수개월간 술을 안 마실 수도 있지만, 일단 한 모금이라도 마시면 앞에 언급한 것과 같은 모습을 다시 보이기 시작한다.

마지막 만성 단계에 이르면 누가 보아도 알코올 장애 환자라는 것을 알 수 있으며, 거의 술을 마시기 위해 살고 있다고할 수 있다. 며칠씩 계속해서 술을 마시거나 하루 종일 술에취해 있는 상태로 살아간다. 이 단계에서는 알코올에 대한 내성이 생겨 금단증상으로 고통을 겪게 되고, 알코올성 치매, 의처증 등 다양한 알코올성 정신질환이 발생한다. 또한 자기가치감을 상실한 채 책임감이나 수치심이 사라지고, 외모에도전혀 신경을 쓰지 않으며, 술을 마시고 싶을 때는 돈을 훔치는등 비윤리적·범법적 행동도 한다. 술을 마실 수 없는 상태가되면 알코올이 든 화장품이나 시너thinner 등을 마시기도 한다.

엘리네크는 알코올 장애가 이처럼 단계적으로 발달하며,전체 단계가 모두 나타나기까지 여러 해가 걸린다고 보았다.그러나 다른 여러 연구를 보면, 알코올 장애의 각 단계가 엘리네크가 제안한 것과 같이 장기간에 걸쳐 단계적으로 나타나지는 않는 것으로 보인다. 조사 자료에 따르면, 음주와 관련된심각한 문제가 음주력의 초반부터 나타나는 것으로 보인다.10대 알코올 장애 환자의 수가 증가하는 것 역시 엘리네크의제안과는 반대되는 증거로 볼 수 있다. 또 모든 알코올 장애환자가 기억 감퇴를 경험하지는 않으며, 알코올에 대한 의존성이 높아지는 만큼 증상이 심해지지만 그런 증상의 순서가엘리네크의 모델과 일치하지는 않는다는 보고도 있다. 또한 결정적 단계의 주된 증상이라고 하는 알코올에 대한 통제력 상실 경험이 대부분의 알코올 장애 환자에게서 나타난다는 경험적 증거는 거의 없다고 한다.

옐리네크의 주장이 알코올 장애 여성에게는 적용되지 않는다는 보고도 있다. 여성의 경우에는 술을 마시는 것이 남성보다 늦게 시작되고, 남편과의 사별과 같은 스트레스 경험 후에 자주 나타나며, 문제 음주의 시작에서부터 장애가 되기까지의 기간이 남성보다 더 짧다고 한다.

1) 알코올 장애의 신호

알코올 장애를 가진 사람이 공통적으로 보이는 모습은 스스로 술 마시는 것을 통제하지 못하고 결과적으로 인생을 망치게 된다는 것이다. 이러한 알코올 장애의 신호를 인식하는 것은 문제를 예방하거나 문제를 조기에 발견하여 그것이 더 심각해지는 것을 미리 막을 수 있는 첫 단계가 된다.

한편, 이렇게 알코올 장애로 들어선 사람들은 그러한 사실을 부인하려는 강한 욕구를 가진다. 즉, 현실을 부인하고 자기 자신과 주변 사람들을 속이거나 안심시키고 싶어 하는 것이다. 알코올 장애를 가진 사람들이 보이는 대표적인 '거짓' 신념으로는 다음과 같은 것들이 있다.

- 내가 조금만 신경을 쓰면 술 마시는 것을 스스로 통제할 수 있다.
- 내가 '의지력'을 조금만 발휘하면 모든 것이 잘될 것이다.
- 내가 술을 마시는 것은 삶에서 도피하기 위해서가 아니라 삶을 통제하고 대처하기 위해서다. 술은 나의 활력을 높여 주는 자극제다.
- 며칠 동안만 술을 마시지 않을 수 있으면 알코올 장애를 갖지 않을 것이다.
- 좋은 교육을 받고, 좋은 가족 배경을 가지고 있으며, 사회적으로 인정받는 위치에 있으면 알코올 장애를 가질 가능성이 없다.

이와 같이 알코올 장애를 가진 사람들은 자신의 상태와 자신이 처한 상황을 과소평가하고 싶어 한다. 이러한 점에서 알코올 장애를 가진 사람들은 대체로 자발적으로 치료를 받으려 하지 않는 경향이 강하다.

알코올 장애의 신호들

어떤 사람이 알코올 의존 혹은 알코올 남용이라는 것을 어떻게 알 수 있을까? 알코올 장애임을 알려 주는 많은 신호가 있으며, 여기에 그 목록의 일부가 제시되어 있다.

제시되어 있는 신호들이 한 사람에게 모두 적용되는 경우는 드물지만, 어느 하나라도 적용된다면 이는 문제가 될 수 있는 여지가 충분한 것으로 볼 수 있다.

⟨초기의 신호⟩
- 술 마시는 횟수가 증가한다.
- 술 마시는 양이 증가한다.
- 알코올의 효과를 느끼고자 하는 욕구(즉, 취하고 싶은 욕구)가 증가한다.

⟨초기, 중기, 후기 단계의 신호⟩
- 술 마시는 데 대한 변명거리를 찾는다.
- 술을 마시지 않는 자리는 지루하게 느낀다.
- 사람들을 대하는 자신감을 얻기 위해 술을 마신다.
- 취하려고 하지 않았는데 취하게 된다.
- 긴장을 줄이거나 문제를 피하기 위해 술을 마신다.
- 첫 잔을 마신 다음에 술 마시는 것을 멈추기 어렵다.
- 술을 매우 빨리 마신다.
- 비슷한 효과를 내기 위해서 점점 더 술을 많이 마신다.
- 술 마시는 것에 대해서 죄책감을 느낀다.
- 술을 너무 많이 마신 다음에 후회한다.

- 술 마시는 것에 대해 방어적이다.
- 술의 종류를 바꾸면서 술 마시는 것을 통제하려고 애쓴다.
- 술을 숨긴다.
- 술을 끊겠다고 맹세하고 그 다음에 또 술을 마신다.
- 술 마시는 것에 대해 거짓말을 한다.
- 숙취를 없애기 위해 아침에 술을 또 마신다.
- 직장에서 술을 마신다.
- 술을 마실 때는 식사를 하지 않는다.
- 필름이 끊긴다(그 전날 한 말과 행동을 다음날 기억하지 못한다).
- 술을 한꺼번에 너무 많이 마신다.
- 직장이나 집에서 자신에게 해를 입히거나 물건을 부수는 것과 같은 사고를 친다.
- 가족에 대한 책임감을 무시한다.
- 술 때문에 지각하거나 결근한다.
- 술을 마시기 위해 일찍 퇴근한다.
- 술 때문에 직장을 그만두거나 그만두기 일보 직전까지 간다.
- 술을 마시면 사람이 변한다.
- 술 때문에 미리 계획했던 가족모임이나 사회적 활동을 빼먹는다.
- 임신 중에 술을 마신다.
- 술 마시는 것이 걱정된다.

2) 알코올의 단기적 효과

(1) 알코올의 대사 과정

일단 술을 마시면 섭취된 알코올은 소화 과정을 거치지 않는다. 그중 소량은 위벽을 통해서 곧바로 혈관 속으로 들어가지만, 대부분은 소장 속에 들어가서 그곳에서 혈관으로 흡수된다. 그런 다음 알코올은 주로 간에서 분해된다. 간은 1시간당 7~10g의 알코올을 분해할 수 있다. 이는 맥주 2잔, 소주 2/3잔, 양주 1/2잔 정도에 해당하는 양으로, 이 양을 초과하는 알코올은 혈관에 그대로 남아 있게 된다. 이처럼 알코올의 흡수는 빨리 이루어지는 데 반해 처리 과정은 매우 느리다. 알코올이 사고, 감정, 행동에 미치는 영향은 혈류 속의 알코올 농도 수준Blood Alcohol Concentration: BAL에 따라 결정된다표. 혈중 알코올 농도와 그 영향 참조. 이 농도 수준은 술을 얼마나 마셨는지, 알코올을 저장할 수 있는 위의 용량은 어느 정도인지, 간의 알코올 분해 능력은 어느 정도인지에 따라 결정된다.

(2) 알코올의 생리적 효과

술을 마시는 것은 대부분의 사회에서 허용되고 있기 때문에, 특히 술을 마시는 사람 자신이 알코올을 약물이라고 생각하지 않는다. 그러나 실제로 알코올은 중추신경계에 영향을 주는 약물이다. 알코올이 신체에 흡수되면 초기에는 진정제로 작용해서 고차적 두뇌중추를 마비시켜 긴장이나 억제를 감소시킨다. 따라서 술은 처음에는 술 마신 사람을 자극한다. 알코올은 이처럼 긴장과 억제를 감소시켜서 즐거운 기분이 되도록 만들지만, 어떤 사람은 술을 마시면 의심이 많아지고 난폭해지기도 한다. 많은 양의 음주는 복잡한 고등 정신과정을 방해하며 운동 통합, 균형, 언어 및 시각 기능을 손상시킨다. 이 단계에서는 기능이 저하되고 통증이 완화되며 수면이 유발되고 우울해지거나 사회적인 접촉을 회피하려 하기도 한다.

알코올이 행동에 미치는 단기적 효과는 매우 복잡하다. 일반적으로 술을 조금 마신 경우의 단기적인 효과는 알코올의 화학적 작용 때문이라기보다는 알코올의 효과에 대한 사람들의 믿음과 기대에 기인하는 경우가 더 많은 것으로 보인다. 몇몇 실험 연구에서 이런 반응들이 알코올 자체의 효과라기보다는 술을 먹는 사람들 자신의 기대와 신념에 의한 것임을 밝히고 있다. 즉, 인지적 요인도 알코올의 효과에 영향을 미친다는 것이다.

알코올을 남용함으로써 생기는 단기적 효과는 다음과 같다. 감각과 지각 면에서는 시각과 청각 정확성예민성이 감소하고, 냄새와 맛에 대한 민감성도 변화하며, 통증에 대한 민감성이 감소하고, 움직이는 물체의 속도를 잘 파악하지 못한다. 정서적으로도 공포나 불안이 감소하고, 모험적인 행동과 공격

◆ 혈중 알코올 농도와 그 영향

혈중 알코올 농도	사고, 감정, 행동에 미치는 영향
02~04	• 눈에 드러나는 효과는 거의 없음 • 현재 기분이 약간 상승됨, 판단과 기억이 약간 손상됨
05~06	• 몸이 따뜻해지고 긴장이 풀림, 약간의 진정 효과, 정서와 행동의 고조, 술을 계속 마시는 것에 대한 판단 손상이 옴 • 시각과 청각의 정확도 감소, 말하는 것이 약간 손상됨 • 균형 감각이 약간 상실됨
07~09	• 말의 손상과 균형감각의 손상이 좀 더 분명해짐 • 협응이 손상됨, 기분이 고양되거나 우울해짐 • 판단과 기억의 손상이 확실해짐, 반응 시간이 증가함 • 혈중 알코올 농도 .08은 법적으로 알코올 장애의 기준임
10~13	• 균형감각 손상, 행동 협응 손상, 반응 시간 증가, 판단과 기억 손상이 증가함
14~17	• 모든 신체기능과 정신적 기능이 손상됨, 서 있거나 말하는 것이 어려움, 지각과 판단이 왜곡됨, 손상을 스스로 인식할 수 없음
20~25	• 혼란되고 멍해짐 • 옆에서 부축해야 움직일 수 있음
30~35	• 지각과 이해 능력이 거의 없어짐 • 인지 기능이 중지됨
40	• 무의식적 상태 혹은 혼수상태(coma)
41 이상	• 깊은 혼수상태 혹은 사망

행동이 증가하며, 억제력이 줄어든다.

한편, 술이 뇌하수체 호르몬에 미치는 이뇨 효과로 인해 소변의 양이 증가하고, 심장박동과 혈압이 일정 기간 증가한다. 그러나 술을 더 마시면 심장박동은 감소한다. 팔과 다리의 모세혈관도 확장되는데, 혈관 확장은 신체의 열 손실을 가져오며 동시에 따뜻해지는 느낌을 준다. 심장에 혈액을 공급하는 동맥이 수축되고 부정맥과 연결된 세포에 산소 공급이 감소한다.

운동 능력에서는 수행과 균형 감각의 손상을 보이고, 움직이는 물체를 눈으로 따라가는 것과 같은 협응에 장애가 발생하며, 반응 시간도 느려진다. 과도한 음주에 뒤따라 일어나는 일시적이고 급작스러운 신체적·정신적 괴로움을 느끼고, 술에 취해 있을 때는 느끼지 못하지만 구토, 복통, 피로, 두통 등이 남게 된다. 이렇게 나타나는 숙취는 과도한 음주에 대한 신체반응이라고 할 수 있다. 과도한 음주는 수면에 장애를 주어 깊이 잠들기 어렵게 하고, 잠에서 깨어나는 것에도 어려움을 가져온다.

술을 약간 마시는 것은 억제를 완화시켜 성적 욕구를 불러일으키고 성적 행동을 촉진시킬 수 있지만, 과도하게 마시면 성적 행동의 수행과 반응 능력이 떨어질 수 있다. 맥주를 약 120~360ml 가량 마신 젊은 남성의 테스토스테론 수준이 감소되었다는 보고도 있다. ◆

알코올 장애 신호의 자가 진단

다음은 알코올 장애 신호에 대한 자가 진단을 위한 질문입니다. 깊이 생각하지 말고 솔직하게 답변해 주십시오.

1. 술 때문에 직장이나 학교를 지각하거나 약속을 빼먹는 경우가 있습니까?   예 아니요

2. 때로 술을 한꺼번에 너무 많이 마십니까?   예 아니요

3. 때로 술 마시는 것에 대해 죄책감을 느낍니까?   예 아니요

4. 취하기 위해 술을 점점 더 많이 마십니까?   예 아니요

5. 종종 취했을 때 한 말이나 행동을 후회하십니까? 예 아니요

6. 술을 마신 다음에 필름이 끊기는 경험을 한 경우가 있습니까?   예 아니요

7. 술 마시는 양을 줄이거나 술을 끊겠다는 약속을 지키지 못하십니까?   예 아니요

8. 술 마시는 것이 해롭고 가족에게 걱정을 끼친다는 것을 아십니까?   예 아니요

9. 술을 마실 때는 거의 먹지 않거나 또는 불규칙하게 식사를 하십니까?   예 아니요

10. 아침에 숙취를 없애려고 술을 마십니까?   예 아니요

앞서의 질문에 대해 하나 이상 '예'라는 응답이 나오면 이미 알코올 장애를 가진 사람이거나 알코올 장애를 가진 사람이 되는 길에 있음을 나타낸다.

4. 알코올의 장기적 영향

술을 오랫동안 마실 경우 알코올이 신체에 미치는 영향은 매우 심각하다. 거의 모든 신체 조직과 기관이 지속적인 음주의 영향을 받는다. 우선, 영양실조에 걸릴 수 있다. 80° 술 0.5*l* 정도면 하루 필요 열량의 절반 정도를 공급해 주기 때문에 알코올 장애 환자는 식사량이 줄어드는 경우가 많다. 그러나 알코올이 공급하는 열량에는 필수영양분이 없기 때문에 과음으로 인해 식사량이 줄어들면 영양실조에 걸리게 된다. 또 알코올은 음식의 소화 과정을 손상시켜서 직접적인 영양실조를 일으킬 수 있다.

더불어 단백질 섭취의 급격한 감소로 간경화증을 일으킬 수도 있다. 알코올은 그 자체가 간기능을 저해하고 간세포를 손상시킨다. 또 알코올은 내분비계와 췌장 손상, 심장마비, 고혈압 및 심장병을 일으킬 수 있고 신경계에도 영향을 미친다.

알코올의 만성적 사용은 뇌세포 파괴 등의 뇌손상과 관련되고, 지남력 장애, 정신적 혼란, 기억상실 및 작화 등의 증상이 특징인 코르사코프 증후군Korsakoff's syndrome과도 관련된다.

때로는 정신병과 유사한 증상을 일으켜 급성 알코올 환각 증상을 보일 수도 있다. 이러한 정신병적 증상 가운데에는 알

 알코올이 신체에 미치는 장기적 영향

1. 입과 목구멍: 암 발생률 증가
2. 위: 위궤양과 위염
3. 췌장: 암 발생률 증가
4. 간: 간경화(미국 사망 원인 10위 이내)
5. 혈액: 백혈구의 감소로 감염 위험성의 증가
6. 심장: 심장 팽창, 심박동 이상, 충혈성 심장병, 동맥경화, 고혈압
7. 생식기관: 태아 알코올 증후군. 엄마가 마시는 술은 태아의 성장에 영향을 미치고 신생아의 기형과 지능 저하를 일으킴
8. 호흡기관: 후두암
9. 내분비계: 혈당의 신진대사 장애(저혈당증 또는 고혈당증)
10. 피부: 혈관 확장
11. 근육과 골격계: 골다공증, 다양한 형태의 관절염
12. 기타 영향: 자동차 사고로 인한 상처, 영양부족, 신진대사 장애, 면역장애 등

4. 알코올의 장기적 영향 ✹ **45**

코올 장애 환자가 음주를 중단했을 때 나타나는 급성 금단 반응인 진전섬망이 있다. 과거에는 진전섬망 상태에서 사망하는 경우가 있을 만큼 이것은 심각한 장애로 취급되었다. 진전섬망의 주요 증상은 지남력 장애, 급성 공포, 떨림, 간질발작, 불면, 발한, 환시 및 환촉 등이다.

임신 중에 술을 많이 마시면 지적장애뿐 아니라 얼굴이나 팔다리에 기형이 있는 아이를 낳게 하는 태아 알코올 증후군 fetal alcohol syndrome을 유발할 수 있다. 보통 정도로만 술을 마시더라도 태아에게 바람직하지 않은 영향을 미칠 수 있다.

1) 신체적 영향

알코올은 위에 직접 작용하여 위염을 일으킬 뿐만 아니라 기존의 위염이나 궤양을 악화시키고, 식도나 위장 출혈의 원인이 되기도 한다. 위장으로부터 장으로 운반된 지방 성분이 분해되지 않아 설사를 일으키기도 한다. 장점막이 손상되면 음식물의 흡수에 장애를 일으키므로 영양장애가 올 수도 있다.

췌장은 췌액이란 소화액을 분비하는 장기인데 장기간 만성적으로 술을 마시면 술이 췌장을 자극하여 극심한 통증을 유발하는 췌장염을 일으킬 수 있으며, 췌장염이 진행하여 장기간 지속되면 합병증으로 당뇨병이 나타나기도 한다.

간은 술의 주성분인 알코올을 분해·해독하는 장기이기도 하지만, 간 자체도 알코올이나 알코올의 대사 산물인 아세트 알데하이드acetaldehyde에 의해서 손상을 받게 된다. 소주로 환산해서 반 병 이상을 거의 매일 계속해서 마신 사람 중 반 정도가 5년 후에 지방간인 것으로 나타났다고 한다. 지방간은 젊은 연령층에게 사망의 원인이 될 수도 있다. 이것은 쉽게 피로하고, 식욕이 없으며 헛배가 부른 등의 증상을 보이는데, 이 경우 술을 끊고 치료를 받아야 한다. 빨리 치료할 경우 지방간은 호전될 수도 있다.

만성 알코올 장애를 가진 사람들에게서 흔히 보이는 알코올성 간염은 생명에 위협을 줄 수 있는 상태로서 간경화의 전 단계다. 일부 간염 환자에게는 간장 섬유조직의 경화가 일어나 간 기능에 이상을 초래하는데, 이것이 간경화의 예비적 변화다. 일부는 알코올 자체가 직접 변화를 일으켜 간경화가 되기도 한다. 대개 매일 소주 반병 이상을 10~20년간 계속 마시면 간경화가 발생한다고 하며, 주량이 많을수록 간경화에 걸릴 확률이 높아진다. 간경화는 지방간과는 달리 술을 끊어도 호전되지 않으며, 간의 재생 능력도 상실된다.

알코올은 이미 오래 전부터 종양을 유발하는 것으로 알려져 있다. 특히 간장, 식도, 인두, 구강, 직장 등에서 암을 유발하는 물질로 알려져 있다. 알코올 자체가 발암물질로서 작용하거나 발암의 보조물질 또는 촉진물질로서 작용하고 있는 것 같다.

알코올은 심장질환, 관상동맥 질환 등을 유발하며 혈액순환과 심장 수축에도 중요한 영향을 미친다. 알코올성 심장질환은 알코올과 알코올의 대사 산물인 아세트알데하이드가 직접 심근에 손상을 주어서 발생하게 된다. 알코올은 심장의 전도계에도 영향을 미쳐 심장박동을 불규칙하게 하는데, 이는 항상 응급 사태가 일어날 수 있는 상황이다. 알코올의 소모량이 많은 사람은 심장에 혈액을 공급하는 관상동맥에 질환이 발생할 확률도 높다. 상습적으로 오랫동안 과음하는 사람에게는 고혈압이 발생할 확률도 높다.

내분비계는 알코올의 작용에 매우 민감하여 남성 알코올 장애 환자는 흔히 성욕감퇴가 있다. 남성 알코올 장애 환자는 성기능 부전의 특징인 여성형 유방, 성형 혈관증, 고환 위축증, 수염의 소실, 2차 성징의 기능장애 등을 보인다. 남성 호르몬 결핍증은 알코올이 생식선에 독성 작용을 해서 발생하게 된다.

술을 많이 마시면 신체의 보호 능력이 감퇴되어 미생물에 대한 저항력이 감소하고, 알코올성 간경변증, 암, 심내막염 등의 발생 빈도가 높아진다. 사람뿐만 아니라 동물에도 과다한 알코올 섭취는 여러 가지 면역 이상을 유발한다.

2000년부터 2011년까지 미국에서 진행된 추적 연구에 따르면, 알코올 의존증 환자에게서 뇌 백색질 미세구조가 손상돼 있다는 것이 밝혀졌다. 백색질은 뇌의 신경세포가 몰려 있는 곳으로 좌뇌와 우뇌를 연결하며 감정 표현, 주의력, 결단력, 인지기능 조절과 밀접한 관계가 있다. 더욱이 알코올 의존증이 뇌의 잠재적 이성 판단을 회복시켜 주는 백색질 미세구조에 악영향을 미치는 것으로 밝혀져, 지속적인 과음이 신체적인 문제뿐 아니라 개인의 감정 및 성격에도 영향을 미친다는 것이 입증되었다.

2) 병리적 영향

(1) 알코올 금단

알코올 금단은 술을 오랜 시간 과도하게 마시다가 술을 마시지 않을 때 또는 술을 적게 마실 때 금단 증상이 나타나는 것이다. 금단증상은 대개 다시 술을 마시거나 다른 뇌 억제제를 복용할 경우 그 정도가 완화된다. 따라서 알코올 장애를 가진 사람들은 술을 마시지 않을 때 이런 고통스러운 금단증상이 나타나고, 여기에서 빠져나가기 위해 다시 술을 마셔서 금단증상을 완화시킨다.

금단증상은 술을 마시지 않거나 술 마시는 양이 줄어들고 나서 혈중 알코올 농도가 급속히 떨어질 때술을 마시고 4~12시간 이내에 시작된다. 간혹 며칠이 지난 다음에 금단증상이 나타날 수도 있다. 알코올 금단증상은 술을 마시지 않고 이틀 정도가 지나면 그 고통이 절정에 달하고, 4~5일이 지나면 증상이 완화된다. 그러나 이 기간이 지난 뒤에 약 3~6개월 정도 불안 증상이나 불면증, 자율신경계 기능 저하와 같은 증상이 그 강도는 약하지만 계속 나타날 수도 있다.

알코올 장애를 가진 사람의 약 80%가 금단증상을 경험한다. 이 가운데 5~15%에서는 경련, 혼란, 지남력 상실, 환각 등 심각하고 때로는 생명을 위협하기까지 하는 금단증상이 나타난다. 그다지 심각하지 않은 알코올 장애를 가진 사람이라도 술을 마시지 않은지 12~48시간 뒤에 알코올 관련 발작을 일으킬 수 있다. 그러나 금단증상 중 환시, 환촉, 환청과 같은 증상은 대개 보다 심각하게 알코올 장애를 가진 사람들에서 나타난다. 알코올 금단 섬망이 나타날 때는 임상적으로 관련 되는 일반적인 의학적 상태예: 간 부전, 폐렴, 위출혈, 뇌손상 후유증, 저혈 당, 전해질 불균형, 수술 후 장애가 있을 수 있다.

한때는 이와 같은 금단증상의 원인을 비타민이나 영양결핍 의 결과로 보았으나, 사실은 알코올이 가지고 있는 사람의 기 분을 우울하게 하고 진정시키는 효과에 대한 반동 효과로 중 추신경계가 갑자기 과다하게 흥분하는 것이다. 금단증상은 반

금단증상 극복하기

1. 만약 당신이 술에 대해서 신체적 의존성이 있어서 체내에 알코올 성분이 없는 것을 견디지 못한다면, 술을 마시지 않았을 때 당신은 긴장되고, 짜증나고, 떨리고, 식은땀이 나고, 잠을 잘 수 없을 것이다. 구토나 설사를 할 수도 있다. 신경계의 이런 반동 효과는 심각할 수도 있다. 신체가 체내에 알코올이 없는 상태에 적응하는 동안 나타나는 이런 금단증상은 약물로 관리할 수 있다. 금단증상은 보통 알코올을 끊은 후 3~7일 동안 나타난다. 만일 약을 먹지 않는다면, 술을 마시지 않고 처음 48시간 동안 가장 금단증상이 심각하고 이후 점차 그 강도가 약해진다. 따라서 금단증상을 줄여 주는 약물의 양도 처음에는 많았다가 점차 줄어들게 된다.

2. 갈증은 당신을 괴롭힐 것이다. 주스와 물을 마셔 보지만 그래도 갈증은 가시지 않는다. 당신의 몸에서 알코올 성분을 씻어 내릴 수는 없다. 하루에 커피 3잔 이상, 차 5잔 이상은 마시지 말 것. 커피와 차에는 카페인이 있어서 잠을 방해하고 신경을 곤두세운다.

3. 스트레스를 받지 않도록 할 것. 술을 마시려고 하는 충동에 굴복하지 않는 것이 중요하다. 산책을 하거나 음악을 듣거나 목욕을 함으로써 긴장을 풀고 편안하게 하도록 해야 한다.

4. 잠이 오지 않는 것에 대해서 걱정할 필요는 없다. 수면부족은 당신에게 심각한 손상을 입히지 않지만, 술을 다시 마시기 시작하는 것은 당신의 신체에 심각한 손상을 입힌다. 당신이 원래 가지고 있던 수면 패턴은 한 달 정도 있으면 다

시 정상적으로 돌아올 것이다. 당신의 자연스러운 수면 리듬이 돌아오도록 하기 위해서는 수면제를 먹지 않는 것이 더 좋다. 될 수 있으면 늦게 잠자리에 들도록 노력하라. 간식을 먹거나 우유를 마셔서 약간의 포만감을 느끼도록 하는 것도 좋은 방법이 될 수 있다.

5. 금단증상을 줄이는 약을 먹으면 졸릴 수 있으므로 운전을 하거나 기계를 다루지 않는 것이 좋다.

6. 배가 고프지 않아도 무언가 먹으려고 노력하라. 곧 식욕이 돌아올 것이다.

드시 술을 마신 직후에 시작되는 것은 아니며, 술을 마시지 않고 어느 정도 시간이 흐른 후 혈중 알코올 농도가 높은 수준에서 감소하기 시작할 때에도 나타난다. 알코올에 대한 금단증상으로 나타나는 행동들은 시간술을 마시지 않은 다음에 나타나는 행동의 시간적 순서과 심각성에 따라 매우 다양한 양상을 보인다.

알코올 장애와 더불어 다른 질병의 여부를 확인하는 것도 매우 중요하다. 왜냐하면 어떤 다른 질병을 가지고 있는지에 따라서 이것이 심각한 금단증상의 치료를 어렵게 만들 수도 있기 때문이다. 발작이나 섬망과 같은 심각한 금단증상을 치료하기 위해서는 약물 개입이 필요하다. 가장 널리 사용되는 약물로는 클로르다이아제폭사이드chlordiazepoxide 또는 다이아제팜diazepam 등이 있다.

① 알코올 금단 진전섬망

알코올 금단 진전섬망은 심각한 알코올 금단 현상의 하나다. 진전섬망은 대개 약한 정도 또는 중간 정도의 금단증상이 나타나기 전에 먼저 일어나며, 술을 많이 마시다가 마시지 않기 시작한 지 약 일주일 안에 일어난다. 진전섬망 증상의 특징은 혼란, 지남력 상실장소, 사람, 시간을 제대로 인식하지 못함, 심한 떨림 등이다. 이런 특징들이 나타나는 양상은 매우 다양하다. 흥분 상태와 조용한 상태가 번갈아 나타나기도 하고 환각, 착각, 자율신경의 과다한 활동성열과 땀이 나고 심장박동이 빨라지고 혈압이 높아지며 호흡이 빨라짐이 나타나기도 한다. 진전섬망의 지속 기간은 비교적 짧은 편이며, 이 중 15%는 24시간 내에, 80% 이상은 3일 내에 증상이 완화된다.

대부분의 알코올 장애를 가진 사람이 금단증상을 경험하지만, 진전섬망은 심각한 금단증상을 보이는 입원 환자 중 5%에 해당하며, 전체 알코올 장애를 가진 사람에서는 1~15%로 추정된다. 연령상으로는 30~50세에서 가장 많이 나타난다. 알코올 금단 진전섬망은 드물지만 치명적인 영향을 미치기 때문에 응급 상태로 다루어야 한다. 심각한 금단증상에 대한 의학적 처치가 발달함에 따라 진전섬망에 따른 사망률도 예전 5~50%에서 1% 미만으로 감소되었다.

진전섬망을 보이기 시작하는 나이는 흑인이 백인보다 평균

8년 빠르다는 보고가 있다. 이렇게 연령차가 있는 것은 술버릇의 문화 차이, 그리고 치료를 받을 수 있는 가능성의 정도와 관련이 있는 것으로 보인다.

② 알코올성 기억상실증

알코올성 기억상실증은 1887년 러시아의 신경 정신학자 세르게이 코르사코프s. Korsakoff가 처음으로 보고하였기 때문에 코르사코프 증후군Korsakoff's syndrome이라고 불리기도 한다. 알코올성 기억상실증은 급성과 만성 2가지로 나타난다. 급성 알코올성 기억상실증의 특징은 정신적 혼란과 지남력의 상실이며, 만성 알코올성 기억상실증의 특징은 급성 알코올성 기억상실증보다 혼란 정도는 덜하고 환자는 어느 정도 의식 수준을 유지하지만 무감각하고 자발성이 심각하게 저하되어 있다는 것이다. 이 증상을 가진 사람들의 기억은 심각한 수준으로 상실되어 단기기억이 심하게 손상되며, 역행성 기억상실알코올 장애 시작 전의 사건을 기억하지 못함이 여러 수준에서 나타난다. 따라서 알코올 장애를 가진 사람은 상실된 기억을 메꾸기 위해 그 기간에 일어난 일을 지어내서 말하게 되는데, 이를 작화라고 한다.

알코올성 기억상실증은 종종 베르니케 병이 급성으로 나타나기 이전에 나타나기도 한다. 베르니케 병의 특징은 걷다가 계속 넘어지는 현상, 안구 근육의 마비, 중추신경계 장애로 인한 빠른 안구 운동, 광범위한 혼란 등이다. 또한 알코올성 기억상실증 환자들은 지각 기능에서 많은 손상을 보인다. 코르사코프 증후군의 유병률은 대략 알코올 장애를 가진 사람 중 약 1~3%로 추정되고 있다.

245명의 알코올 장애를 가진 사람을 대상으로 한 연구 결과를 보면 알코올성 기억상실증이 시작되는 나이는 30~70세까지 다양하게 분포되어 있으며, 성비는 남녀가 1.7 대 1이라고 보고되었다. 이들의 회복율 또한 다양하여 104개의 사례 중 21%가 완전한 회복을 보였고, 25%는 유의미한 회복을, 28%는 약간 회복을 보였으며, 26%는 회복되지 못하였다. 회복 기간도 9일부터 1년까지로 다양했으며, 적정량의 티아민을 공급했을 때 신경학적 증상은 거의 완전하게 회복되는 것으로 나타났지만, 인지 손상과 기억 손상은 더 느린 회복 속도를 보였다. 그러나 전체적으로 치료에 대한 예후는 그리 좋지 않은 편이었다.

코르사코프 증후군과 베르니케 병을 동일한 병베르니케-코르사코프 증후군이 두 가지 양상으로 나타나는 것이라고 보는 견해가 많다. 이 증후군의 원인은 일반적으로 비타민 B1티아민의 부족으로 간주되어 왔다. 한 연구에서 급성 베르니케 병과 만성 코르사코프 증후군은 영양부족과 밀접한 관련성을 가지고 있는 것으로 나타났다. 또 티아민과 비타민 치료를 한 뒤에 치료 예후가 더 좋아지는 것으로 나타났다. 코르사코프 증후군 뒤에 나타나는 뇌손상과 병리적 변화는 영양부족이 문제가 되어 나타나는 질병의 모습과 유사하다. 이런 점들을 살펴볼 때 티아민과 베르니케 병, 코르사코프 증후군은 관련성이 있는 것으로 보인다.

그러나 이런 비타민 결핍 원인론에 문제를 제기하는 사람도 있었는데, 여러 연구자는 영양결핍 가설에 대한 증거가 대부분 상관 자료임을 지적하였다. 베르니케 병은 술과 상관없이 심각한 영양손실 상태에 있는 환자들에게서도 나타났지만, 코르사코프 증후군은 술을 마시지 않은 비타민 결핍 환자에게서는 거의 찾아볼 수 없었다. 이런 점에서 코르사코프 증후군은 알코올의 직접적 효과가 비타민 부족과 상호작용하여 나타나는 것으로 보인다.

③ 알코올 환각증

DSM-5에서는 알코올 환각증의 특징을 "생생하고 지속적이다. 알코올 의존인 사람이 술 마시는 것을 중단하거나 줄인 지 얼마 안 되어서48시간 이내 발생한다."라고 기술하고 있다. 알코올 환각증은 대개 갑작스럽게 시작하며, 환각을 경험하기는 하지만 지남력은 유지된다. 이런 상태가 수시간에서 수일,

때로는 수주나 수개월까지도 지속된다. 아주 드문 경우이지만
알코올 환각증 상태가 만성화되어서 임상적으로 조현병과 구
분이 되지 않는 상태까지 가기도 한다.

④ 알코올성 치매

만성 알코올 장애를 가진 사람들은 지적 손상을 가져오는
치매가 생길 수 있다. 술로 인해 나타나는 치매를 다른 이유로
인해 나타나는 치매와 감별하기 위해서는 이전에 장기간에 걸
쳐서 술을 많이 마신 적이 있어야 하고, 술을 마시지 않은 후
적어도 3주간 치매가 나타나야 하며, 치매의 다른 원인이 없
어야 한다.

DSM-5에서는 알코올성 치매의 특징으로 지적 능력의 손
상, 순행성 및 역행성 기억상실, 추상적 사고 · 판단 · 충동통
제의 손상을 들고 있다. 알코올성 치매의 원인으로는 알코올
남용이 직 · 간접적 역할을 한다. 알코올 남용은 직접적으로는
뇌조직에 독성 효과를 일으키고, 간접적으로는 비타민 결핍을
초래한다.

⑤ 태아 알코올 증후군

태아 알코올 증후군fetal alcohol syndrome: FAS은 어머니가 임신
기간에 지나치게 술을 많이 마셨을 경우 태아에게 일어날 수

있는 정신적·신체적 결함을 총칭해서 부르는 말이다. 술이
태아에게 미치는 해로운 영향에 대해서는 오랫동안 논의되어
왔지만, 최근에 와서야 술이 기형을 일으킬 가능성에 대한 연
구가 주목을 받기 시작하였다. 어머니가 알코올 장애인 아이
들은 신체적·신경학적·인지적으로 정상이 아닌 경우가 많
다. 많은 연구에서 알코올이 인종과 국가에 상관없이 기형을
유발할 수 있는 물질임이 밝혀졌다.

태아 알코올 증후군을 가지고 태어난 아기는 심각한 장애
를 가질 수 있고 평생 특수 치료를 받아야 한다. 이 증상을 가
지고 태어난 아기들이 보이는 주요 손상은 출생 전과 출생 후
의 성장지체신장 미달이나 체중 미달, 지적장애와 같은 중추신경계
의 기능 손상, 얼굴 기형, 주요 기관의 결핍 등이 있다. 어떤
아기의 경우 이런 특징 중 몇 가지만 보이기도 하는데, 이를
부분 태아 알코올 증후군 또는 태아 알코올 효과fetal alcohol
effect: FAE라고 한다. 이 둘 간의 정확한 구별에 대해서는 연구
자들 간에 일치가 이루어지지 않고 있다.

태아 알코올 증후군의 원인은 물론 어머니가 임신 중에 술
을 마셨기 때문이다. 임신한 여성이 술을 마실 경우 알코올은
어머니의 혈관을 타고 태반을 지나서 태아에게까지 흘러간다.
알코올은 태아에게의 산소 공급 및 뇌와 다른 신체 기관이 정
상적으로 발달하는 데 필요한 영양분의 공급을 방해한다.

태아 알코올 증후군의 증상

- 성장지체: 신장 미달, 체중 미달, 발육부진
- 골격 기형: 늑골 및 흉골 기형, 척추가 휘어짐, 탈골, 손가락이나 발가락이 구부러지거나 없음, 관절의 제한적 운동, 머리가 작음
- 얼굴 기형: 눈이 잘 떠지지 않음, 눈꺼풀이 처짐, 근시, 눈을 같은 방향으로 돌리지 못함, 언청이, 윗입술이 얇음, 작은 턱, 귀 모양이 이상해짐
- 기관 기형: 심장 이상, 생식기 이상, 신장과 비뇨기 이상
- 중추신경계 이상: 작은 뇌, 뇌세포와 연결조직 배열 이상, 지적 장애(대개 중간 정도의 지적 장애를 보이지만 때로는 심각한 경우도 있음), 학습장애, 주의 폭이 짧음, 유아기에 안절부절 못하고 불안정함, 아동기의 과다한 활동성, 신체·손·손가락을 제대로 움직이지 못함.

태아 알코올 증후군으로 인해 태아가 입는 손상의 정도에는 어머니가 평소에 마시는 술의 양, 술의 종류, 마시는 방식_{매일 조금씩 마시는지 한꺼번에 폭음을 하는지} 그리고 임신 중에 술을 마신 기간, 유전요인, 영양요인, 그리고 다른 여러 가지 요인이 복합적으로 얽혀 있는 것으로 보인다.

태아 알코올 증후군의 발생률은 정확하게 보고되고 있지 않다. 대부분의 연구는 태아 1,000명당 발생 수의 추정치에

기초하고 있다. 최근 연구에 따르면 태아 알코올 증후군의 발생률은 1,000명당 0.33명으로 추정된다.

연구자들은 술을 조금씩 여러 번 마시는 것보다 한 번에 많이 마시는 것이 태아에게 더 위험하다고 경고한다. 태아에게 알코올이 흡수될 경우 발달단계에 따라 여러 가지 해를 입을 수 있다. 임신을 하고 있는 동안에 마셔도 별다른 이상이 없는 술의 양이 어느 정도인지는 아직 알려져 있지 않다. 그러나 모든 연구자는 임신 기간에 일체 술을 마시지 않는 편이 안전하다는 데 의견의 일치를 보이고 있다. 불행하게도 어떤 이는 자신이 임신한 줄도 모르고 술을 마실 때가 있다. 이 경우 대개 태아는 2~3주 정도밖에 안 된 상태여서 알코올에 노출되는 것이 치명적이라고 할 수 있다. 따라서 임신한 여성이나 임신 가능성이 있는 여성은 술이나 알코올성 음료를 마시지 않는 것이 좋다. ◆

5. 알코올로 인한 손실

　우리나라의 술 소비량은 세계적인 수준으로, 한 사람이 연간 소비하는 양은 소주 50병과 맥주 100병 정도이며, 해마다 그 양은 증가하는 추세를 보이고 있다. 그리고 우리나라에는 약 100만에서 200만 명의 알코올 장애를 가지고 있는 사람이 있다고 추산되고 있으며, 이들 중 다수가 30~40대 남성이다. 이들의 알코올 장애로 인한 사회적 비용은 연간 10조 원 정도로 추산된다고 한다.

　이렇게 우리나라에 알코올 장애를 가진 사람이 많고, 또 이로 인해 천문학적인 비용이 소요되는 이유 중의 하나는 우리나라 특유의 음주문화 때문이다. 우리나라 사람들은 전통적으로 술 취한 사람의 잘못된 행동이나 실수에 관대한 편이어서 알코올 장애를 가진 사람이라 할지라도 엄청난 사건을 저지르거나, 가정을 파탄 지경에 이르게 하거나, 사회활동이 완전히 불가능해지기 전에는 본인이나 주위에서 치료를 받아야 한다고 생각하지 않는다. 그래서 다른 국가보다도 알코올 장애 환자가 많음에도 불구하고, 치료를 받으러 병원에 가는 환자의 대부분은 이미 치료하기가 힘든 상태에 있고, 치료 후에 쉽게 재발되는 형편이다. 절망한 가족은 환자를 가정에서 분리시켜 요양원이나 수용소에 보내기를 희망하게 되고, 배우자는 자녀와 재산 등 모든 것을 포기하고 별거 혹은 이혼을 선택하거나 도주를 하기도 한다. 절제하면서 즐기는 음주문화의 부재가 사회적으로나 가정적으로 큰 피해를 주고 있는 것이다.

술잔을 주고받으며 마시는 음주 습관은 전 세계적으로 우리 민족만이 갖고 있다고 하는데, 이는 음주 속도를 빠르게 하여 음주량을 늘리게 만들기도 하지만, 간염 등 세균이 전파되는 중요한 통로가 되기도 한다. 그 외에도 하룻밤에 2차, 3차를 계속하는 술집 순례, 신입생 환영식에서 억지로 술을 강요하여 만취시키는 관행, 폭탄주를 마시거나 위험한 음주운전을 예사로 하는 것 등 잘못된 음주 문화가 너무나 많다.

미국에서는 술과 기타 약물남용으로 인한 연간 소비 비용이 약 2,500억 내지 3,000억 달러로 추정된다고 한다. 이 중 알코올로 인한 비용이 약 60%, 다른 불법 약물남용으로 인한 비용은 약 40%를 차지한다. 이러한 추정치는 알코올 및 다른 약물로 인한 문제가 사회에 엄청난 손해를 끼치고 있음을 입증하며, 알코올 장애의 예방과 치료법에 대한 연구의 중요성을 뒷받침한다.

알코올 및 약물남용과 알코올 장애는 심각한 의학적 · 사회적 결과를 야기한다. 여러 연구에서는 최근 급속하게 증가하고 있는 알코올 및 다른 약물 관련 비용의 심각성을 지적한다. 술과 다른 약물 관련 비용의 증가는 예방과 치료에 대한 강력하고 일관된 투자가 필요함을 역설한다. 하지만 알코올 장애로 인한 피해와 비용을 직접적으로 측정할 수 없기 때문에 알코올 장애로 인한 피해의 정확한 평가는 현재로서는 방법론적 논쟁거리가 되고 있다.

예를 들면, 기업에서의 생산성 손실과 병원에서의 의료 서비스 손실로 알코올 장애로 인한 비용을 계산하는 것은 가능하다. 그러나 직장에서의 술로 인한 작업 능률 저하와 같은 시간상의 손해 혹은 교통사고로 인한 사망 및 부상 등과 같은 간접적인 비용은 수량화하기 매우 어려우며, 이보다 훨씬 더 심각한 인간적 손해는 사실상 계산할 수 없다. 유럽에서 실시한 여러 평가에 따르면 알코올 장애의 비용은 국가에 따라 다르지만 보통 GNP의 2~6%를 차지하는 것으로 나타나고 있다.

알코올 장애는 알코올 장애를 가진 사람과 그 가족의 신체적 · 정신적 건강을 해치고, 교통사고나 가정과 직장에서의 사고를 유발하며, 청소년 범죄와 폭력을 부른다. 또 가정불화,

가정학대, 이혼, 경제적 어려움 등을 가져온다. 이로 인해 기업 비용결근, 해고, 조기사망, 건강복지 비용병원 비용, 사회복지 비용알코올 장애 예방에 소요되는 국가기관 비용, 연구조사 비용, 교통사고에 따른 비용, 범죄에 따른 비용 등이 발생한다.

어떤 연구자는 알코올의 소비가 감소하면 일련의 사회적 문제 또한 감소한다는 사실을 강조한다. 예를 들어, 영국에서는 1979년부터 1982년까지 1인당 술 소비량이 10.4l에서 9.2l로 감소했는데, 같은 기간 음주운전으로 인한 기소율은 8%, 기타 음주로 인한 기소율은 11%, 간경화증으로 인한 사망률은 4%가 감소하였다고 한다.

1) 알코올과 범죄

1998년에 미국 법무성이 발표한 알코올과 범죄에 관한 보고서에 따르면, 알코올 남용이 중요한 요인이 되는 범죄가 미국에서 발생하는 전체 폭력범죄 중 약 40%에 달했다. 이 보고서의 내용을 간략히 요약하면 다음과 같다.

가까운 사람배우자 또는 이전 배우자, 이성 친구에게서 폭력을 당한 피해자 중 약 2/3 정도가 술이 하나의 원인으로 작용하였다고 보고하였다. 배우자에 대한 폭력의 경우, 4건 중 3건이 폭행을 가할 당시 가해자가 술에 취해 있었던 것으로 알려졌다. 이와는 대조적으로 잘 알지 못하는 사람에게서 맞거나 폭력을 당하는 경우에는 31%만이 가해자가 술에 취해 있었다.

1996년에 사법당국에서 판결을 받은 53만 명 중 약 36%인 20만 명이 범법 행위 당시에 술을 마신 상태인 것으로 추정된다. 범행 당시 술에 취해 있는 것은 범죄 선고를 받은 사람들에게서 일반적으로 나타난다. 폭력 가해자 중 집행유예자의 41%, 지방 교도소 복역자의 41%, 주 교도소 복역자의 38%, 연방 교도소 복역자의 20%가 범행 당시 술에 취한 상태인 것으로 나타났다.

이와 같이 술과 범죄는 어떤 관련성을 가지고 있는 것으로 보이지만 정확한 내적 관계는 밝혀지지 않고 있다. 그러나 일반적으로 술이 범죄행동을 일으키기 쉽게 한다는 사실은 많은 연구자가 지적하고 있다. 여러 연구에서 알코올 장애는 범죄의 중요한 하나의 원인으로 밝혀졌으며, 이는 알코올이 본능적인 행동성적·육체적 폭력의 억제를 완화시키는 것에 기인한다. 알코올 장애를 가진 사람은 폭행 및 성범죄를 더 자주 저지른다. 또한 구타와 폭력으로 인한 사망의 70% 이상이 술에 취한 사람들에 의해 일어난다.

여러 연구 결과를 살펴보면, 강간범의 약 50%가 강간할 당시 술을 마신 상태였고, 교도소 복역자의 약 40%가 알코올 남용의 경향이 있으며, 살인의 약 50%가 과도한 음주와 관련성이 있었다. 또한 전체 폭력범의 60~70%가 폭력 당시 높은 혈중 알코올 농도를 보인 것으로 보고되었다.

2) 알코올과 가정 내 폭력

가정폭력의 원인에 관한 이론들은 대부분 알코올 남용에 크게 주의를 기울이지 않는다. 그러나 몇몇 경험적 연구는 술과 매 맞는 아내의 관계에 대한 자료들을 제공하고 있다. 2,000쌍의 부부를 대상으로 미국에서 실시된 한 연구에서는 술을 마시지 않는 남편2.1%보다 '매우 자주' 술을 마시는 남편30.8%이 아내를 더 많이 구타하는 것으로 나타났다. 경찰 기록을 분석한 결과, 가정폭력 중 43%가 남편과 아내 모두 술을 마셨고, 44%가 구타한 쪽만 술을 마셨으며, 13%가 구타당한 쪽만 술을 마셨다.

한편, 아동학대의 경우에는 알코올이 관련된 비율이 여성에 대한 폭력의 경우보다는 낮은 것으로 보인다. 여성학대의 경우 알코올이 관련된 경우는 약 25~50%인데, 아동학대의 경우는 20% 정도로 추산되고 있다.

3) 알코올 장애를 가진 사람들의 아이들

미국에서는 적어도 70만 명의 아이들이 알코올 장애 부모를 두고 있다. 전문가들은 이 아이들이 알코올 장애가 아닌 부모를 가진 아이들보다 정서적인 문제로 고통을 겪을 가능성이 더 높다고 보고하고 있다. 알코올 장애 부모의 아이들에게 나타날 수 있는 문제들로는 죄책감, 불안, 수치심, 친밀한 관계 형성의 어려움, 혼란, 분노, 우울 등을 들 수 있다. 아이들은 부모가 알코올 장애를 가지게 된 주된 원인이 자기라고 생각하고 죄책감을 느끼게 된다. 즉, 자신이 말을 듣지 않거나 잘못했기 때문에 부모가 어쩔 수 없이 술을 마신다고 생각한다.

아이들은 집에 있는 것에 대해 끊임없이 불안해한다. 집에 있을 때 부모가 술에 취해서 아프거나 다치거나 죽지 않을까 걱정하고, 또한 부모가 술 때문에 싸움을 하고 자신에게 폭력을 가하지 않을까 두려워한다. 부모가 알코올 장애를 가진 경우, 아이들은 이 사실을 몹시 부끄러워하고 다른 사람들에게 숨기려고 한다. 수치심에 빠진 아이들은 친구들을 집으로 부르려고 하지 않고, 다른 사람의 도움이 필요할 때에도 부모의 알코올 장애 사실이 알려질까 봐 두려워 도움 청하기를 꺼린다. 아이들은 가장 친밀감을 느껴야 할 대상인 부모에게서 이미 수없이 실망감을 맛보았기 때문에 더 이상 다른 사람들을 믿고 따르려고 하지 않는다.

알코올 장애 부모들은 술에 취한 상태에서 아이들에게 매우 일관성 없이 대한다. 아이가 어떤 행동을 하는가에 관계없이 아주 예뻐하는가 하면 갑자기 화를 내곤 한다. 규칙적인 취침 시간과 식사 시간이 없이 항상 왔다 갔다 하기 때문에 아이들에게 매우 중요한 규칙적인 일상생활의 시간표가 없어지게 된다.

아이는 술을 마셔 대는 부모에게 술 마시는 것에 대해, 그리고 자신을 돌보아 주지 않고 보호해 주지 않는 것에 대해 분노감을 느끼게 된다. 그러나 그러한 분노를 표현하는 경우에 보복적 공격을 당하기 때문에 감정을 아예 느끼지 않거나 깊이 묻어 두는 방법을 배우게 된다. 부모가 돌보아 주지 않는 집에서 아이는 고독감을 느끼고, 스스로 자신이 처한 상황을 바꾸기 위해 할 수 있는 것이 아무것도 없다는 사실에 무력감을 느끼고 우울해할 수 있다.

이와 같이 아이들은 일반적으로 부모의 알코올 장애 문제를 숨기려고 하지만, 교사나 친척 또는 친구들과 같은 주변의 가까운 사람들은 조금만 주의를 기울이면 무언가 문제가 있다는 것을 눈치챌 수 있다. 전문가들은 다음과 같은 행동이 그런 신호가 될 수 있다고 말한다.

• 학교에 잘 적응하지 못하고 무단결석이나 조퇴가 잦다.

- 친구가 없다. 반 친구들과 어울리려고 하지 않는다.
- 절도나 폭력과 같은 비행을 저지른다.
- 두통이나 복통과 같은 신체적 아픔을 반복해서 호소한다.
- 본드 등 환각성 물질의 남용 또는 알코올 남용의 징후가 드러난다.
- 다른 아이들에 대해 비합리적인 공격성을 드러낸다.

부모가 알코올 장애인 아이 중 어떤 아이는 이를 보상하기 위해 가족과 친구들 사이에서 '책임감 있는 부모'처럼 행동한다. 그들은 자기 자신을 강력하게 억제하고 학업 성취에 과도하게 집착함으로써, 혹은 친구나 교사와 감정적인 교류를 전혀 하지 않음으로써 부모의 알코올 장애로부터 받은 상처를 극복하고자 한다. 이들의 정서적 문제는 성인이 되고 난 후에야 표면에 떠오르는데, 이들을 일컬어 성인아이adult-child of alcoholics: ACOA라고 부른다.

부모의 알코올 장애 치료 여부와 관계없이, 알아넌Al-Anon 및 알라틴Alateen과 같은 프로그램이 이런 아이들에게 도움을 줄 수 있다. 전문가의 도움 또한 이런 아이들에게서 더 심각한 문제알코올 장애를 포함한의 발생을 예방하는 데 매우 중요하다. 전문가들은 이 아이들이 보이는 문제 자체를 치료하면서 이들이 부모의 알코올 장애에 책임이 없다는 것을 인식하도록 도와주어야 한다.

치료 프로그램으로는 알코올 장애인 부모를 가진 아이들이 함께 참여하는 집단치료를 활용할 수 있다. 이런 집단치료를 통해서 아이들은 자기만 알코올 장애 부모의 아이는 아님을 알게 됨으로써 고립감을 줄일 수 있다. 또한 전체 가족을 대상으로 치료활동을 함으로써 서로 더 건강한 관계를 맺는 법을 배울 수 있다.

4) 알코올 장애와 우울

대부분의 사람은 무기력해지거나 우울할 때 기분을 좋게 하기 위해 술을 마시는 것으로 알고 있다. 그러나 경험적 자료에 따르면 알코올 장애를 가진 사람들은 술을 마시면 기분이 좋아지기보다는 더 우울해진다고 한다. 몇몇 연구자는 남성 만성 알코올 장애 환자들이 일단 술을 마시기 시작하면 더 우울해지는 것을 관찰하였다. 또 다른 연구에서는 만성 알코올 장애를 가진 사람들이 술을 마신 뒤에 처음에는 우울과 불안 수준이 감소하다가 갑자기 높아져서 술을 다 마실 때까지 높은 수준으로 지속되는 것으로 보고하였다. 또한 술에 취하지 않았을 때에도 알코올 장애를 가진 사람들이 그렇지 않은 사람들보다 우울증에 걸릴 위험이 더 크다. 이와는 대조적으로,

알코올 장애를 가진 사람이 아닌 사회적 음주자_{social drinker}는 술을 마셨을 때 기분이 좋아지는 경험을 한다.

알코올 장애와 우울증의 관계에 대해서는 여러 가지 설명이 있다. 알코올은 기본적으로 중추신경계 기능을 약화시키는 진정제로 작용해서 기분을 떨어뜨린다. 또 술을 계속해서 많이 마시면 다양한 부정적 생활사건을 겪게 되고, 이런 부정적 생활사건으로 인해 우울한 기분이 일어날 가능성이 더 커진다. 우울한 기분을 경험하는 많은 사람은 이런 우울한 기분을 변화시키기 위해 술을 더 마시게 된다.

알코올 장애와 우울의 관계에 있어서 계속 논쟁이 되는 질문은 '우울증으로 인해 알코올 장애가 일어나는가, 아니면 술의 약물 효과로 인해 우울증이 일어나는가' 하는 것이다. 이에 대한 대답 중 하나는 우울증을 일차적 우울증과 이차적 우울증으로 구분하는 것에서 얻을 수 있다. 일차적 우울증은 정서적 증상이 먼저 나타나고, 이로 인해 다른 증상들이 나타난다. 이차적 우울증은 알코올 남용과 같은 다른 증상들이 먼저 나타나고, 이어서 우울 증상이 나타난다. 일차적 우울증과 이차적 우울증은 그 성격이 서로 다른 것으로 보인다. 즉, 일차적 우울증 환자들은 기저에 있는 정서장애에 대한 유전적 소인으로부터 우울 증상이 나타나며, 이차적 우울증 환자들은 환경이나 대인 관계, 즉 외부로부터 우울 증상이 나타나는 것으로 보인다. ◆

6. 여성과 알코올 장애

알코올 남용과 알코올 의존은 남녀 비율이 5:1로 남자에게서 더 흔하다. 그러나 이 비율은 연령에 따라 차이를 보인다. 여성은 남성에 비해 나이가 든 다음에 술을 많이 마시기 시작하며, 술로 인한 문제가 인생의 후반기에 발생한다. 일단 여성에게서 알코올 남용이나 알코올 의존이 발생하면 매우 급속도로 진행된다. 그래서 중년기에는 남성과 비슷한 수준의 건강 문제와 사회적 · 대인관계적 · 직업적 문제를 갖게 된다. 여성은 남성에 비해 같은 양의 술을 마셔도 더 높은 알코올 농도를 나타내는 경향이 있는데, 그 이유는 체내 수분 비율이 남성보다 낮고 신체 지방 비율은 더 높으며, 알코올이 더 느리게 대사되는 경향이 있기 때문이다.

1) 여성도 남성만큼 술을 마실 수 있는가

여성은 평균적으로 남성보다 술의 효과가 더 즉각적이고, 더 강하며, 더 오랜 시간 나타난다. 여성은 적은 체중과 낮은 체내 수분 함량 비율 등으로 인해 알코올 분해효소alcohol dehydrogenase를 남성의 25% 정도만 가지고 있다고 알려져 있다. 또한 알코올 농도가 높을 경우 지방조직에 저장되는데, 여성의 신체 지방 비율이 남성보다 더 높기 때문에 더 오랜 시간 신체에 알코올을 가지고 있을 수 있는 '스펀지즉, 지방'가 더 많이 있는 것이다. 따라서 알코올이 체내에 머무는 시간도 길어지고, 간에서 대사되어야 할 알코올의 양이 많기 때문에 알코올에 의한 간 손상의 유병률도 남성보다 높아진다. 이러한 이유 때문에 여성은 남성에 비해 상대적으로 짧은 음주 기간을 가짐에도 더 많은 간 질환을 앓고 있으며, 간경화에 걸릴 확률은 2배에 달한다고 알려져 있다. 그리고 월경기의 일부 기간에는 여성호르몬이 여성의 신체를 알코올에 더 민감하게 만든다. 이런 요인들 때문에 여성은 남성보다 더 빨리 알코올 장애가 진행되고, 심각한 합병증으로 진행되는 속도도 더 빠르다.

2) 여성에게 술로 인한 특별한 위험이 있는가

연구에 따르면 많은 성폭력 사례에서 술이 어느 정도의 역할을 하는 것으로 나타나고 있다. 미국의 경우 강간의 약 90% 정도에서 가해자나 피해자 일방 혹은 양쪽 모두 술에 취해 있었던 것으로 나타났다. 술이 반드시 성폭력의 원인으로 작용하는 것은 아니지만 술은 억제력을 떨어뜨리고, 폭력적인 사람을 더욱 폭력적이게 만들며, 상황 판단 능력을 손상시킬 수 있다. 성행위를 통해서 전염되는 질병이나 임신의 예방에 대한 적절한 판단력 또한 손상된다. 또한 피임기구를 사용하는 능력이 저하되고, 특히 두 사람 모두 취한 상태에서는 더욱 그렇다.

3) 여성의 음주 양상은 어떠한가

일반적으로 여성은 남성보다 주량이나 음주 빈도가 낮다. 그리고 여성의 술 마시는 패턴은 중요한 타인부모, 형제, 남편의 술 마시는 패턴과 매우 비슷한 경향이 있다. 그러나 몇 세기 동안 여성이 술 마시는 것을 사회적으로 금기시하다가 여성도 자유롭게 마실 수 있게 된 이후로는 술 마시는 젊은 여성의 수가 점차 증가하는 추세다.

  2010년 한국음주문화연구센터에서 진행한 음주실태 및 국민인식조사 결과에 따르면, 지난 10년간 여성의 음주율은 2001년 71.6%에서 2010년 83.8%로 12% 이상 상승하였다고 한다. 이는 같은 기간 남성이 88.7%에서 93%로 5% 이하로 상승한 것에 비해 2배 이상 더 높은 폭으로 상승한 것이다. 또한 2008년 질병관리본부에서 실시한 국민건강영양조사에서도 특히 여성의 고위험음주율의 증가가 뚜렷하였다고 보고하여 여성 음주 문제가 시간이 갈수록 심각해지고 있음을 나타내고 있다.

  1996년 실시한 미국 듀크 대학교의 조사에 따르면, 술 마시는 남성은 전체 남성의 69%, 술 마시는 여성은 전체 여성의 70%로 거의 비슷한 비율을 나타내고 있다. 또한 여성의 25%와 남성의 33%가 2주간 한 장소에서 5회 이상 술을 마셨으며, 2주간 6회 이상 술을 마신 비율은 여성 2.5%, 남성 14%로 나타났다. 여성에게 그들 자신의 음주로 인한 부정적인 결과를 질문한 결과 숙취62%, 시험이나 중요한 프로젝트를 잘 하지 못하게 됨14%, 기숙사에서 말썽을 일으킴4%, 기물 파손이나 화재3%, 말다툼이나 싸움18%, 구토47%, 음주운전20%, 수업을 빼먹음32%, 주위 사람에게 비난을 받음24%, 자신에게 술이나 약물 문제가 있을지도 모른다는 생각을 함6%, 기억력이 떨어짐36%, 술 취했을 때 한 행동들을 후회함37%, 성희롱을 당함

15%, 몸을 다치거나 상처를 입음12% 등을 보고하였다.

4) 유전적으로 여성이 알코올 장애가 되기 쉬운가

최근의 연구에 따르면 여성의 알코올 장애에 대한 유전적 소인은 남성과 비슷한 것으로 나타났다. 유전적 소인은 문제 음주와 알코올 장애에 대한 취약성을 결정하는 요인의 약 60%를 설명하는 것으로 보인다. 강한 유전적 소인은 중독을 더 빨리 진행시키게 만들지만, 여성은 알코올이 신체에 퍼져 나가는 속도가 빠르기 때문에 일반적으로 진행 속도가 더 빠르다. 여성의 신체는 알코올 분해효소가 더 적기 때문에 높은 혈중 알코올 농도를 더 빠른 시간 안에 경험한다는 점은 앞에서 지적한 바 있다.

5) 남성 알코올 장애와 어떻게 다른가

치료자들은 여성의 알코올 장애가 남성의 경우와 어떻게 다른지를 연구하고 있으며, 그에 따라 여성에 대한 치료법을 달리 하려고 시도하고 있다. 여성 알코올 장애를 가진 사람들 들은 일반적으로 우울 문제가 더 많고, 자살시도 횟수도 더 많으며, 중요한 사람과의 관계에서 학대를 당하는 경우가 더 많기 때문에 남성과 다른 독특한 접근법이 요구된다고 본다.

알코올 장애를 가진 여성의 성격 특성을 다룬 연구에 따르면, 의존적이고 수동공격적이며 히스테리적인 경향이 많았다. 의존적이고 수동적인 성격 특성을 가진 여성들은 화가 날 때 표현하지 못하고 참다가 상처를 받고는 술에 의존하게 되며, 비판적인 태도를 지닌 여성은 자신의 완벽성이 채워지지 않을 때 술에 의존하게 된다는 것이다. 또한 낮은 자존감과 함께 외로움, 수치심, 자기연민에 빠질 가능성이 더 높은 것으로 나타났고, 유년기에 깊은 정서적 결핍을 체험한 경우가 많았다고 한다. 이들은 타인을 불신하는 경향이 있으며, 친밀한 인간관계를 맺거나 충동을 조절하는 데 어려움을 느끼는 것으로 나타났는데, 그 결과 결혼, 취업, 육아 등에 있어서도 좌절을 경험할 가능성이 높아지게 되며, 이에 대한 도피처로 술에 빠지게 되는 악순환을 보인다. 반면, 자신감이 회복되면서 음주 양상이 호전되는 경향을 보이기도 했다. ◆

알코올 장애는
왜 생기는가

2

1. 유전 이론

알코올 장애에 대한 유전 이론은 알코올 장애를 일으키는 유전자가 따로 있어서 이것이 유전됨으로써 알코올 장애가 된다고 보는 것이다. 알코올 장애를 가진 친부모를 둔 아들의 경우, 알코올 장애 부모에게 양육되었는지 정상적인 양부모에게 양육되었는지의 여부에 상관없이 알코올 장애를 가지게 되는 비율이 일반인보다 4배나 높다는 보고가 있다. 이와는 대조적으로 알코올 장애 부모의 딸의 경우는 알코올 장애를 가지는 비율이 일반인에 비해 별로 높지 않다고 한다.

알코올 장애의 유전에 두 가지 유형이 있다고 주장하는 학자들도 있다. 이들은 유형 I 알코올 중독Type I alcoholism과 유형 II 알코올 중독Type II alcoholism을 구분하였다. 유형 I 알코올 중독은 알코올 의존 증상이 늦게 나타나고 술과 관련된 신체적 질병이 생길 가능성이 낮으며, 반사회적 행동이나 사회적 혹은 직업적 문제를 일으킬 비율이 낮은 사람들이다. 이들이 알코올 장애를 가지게 될 가능성은 일반인의 2배 정도다. 유형 II 알코올 중독은 많은 직업적·사회적 문제를 일으키고, 술과 관련된 신체적 질병이 생길 가능성 또한 높으며, 알코올 장애를 가지게 될 가능성도 일반인이나 유형 I 알코올 중독보다 훨씬 높은 9배에 달한다.

알코올 장애를 다룬 여러 쌍생아 연구에서는 일란성 쌍생아가 이란성 쌍생아보다 2명 모두 알코올 장애를 나타내는 비율이 유의미하게 높으며, 알코올 장애의 증상이 심각할수록 이 비율의 차이가 더 커지는 것으로 나타났다. 월남전 참전 군인들을 대상으로 한 연구에서도 역시 일란성 쌍생아가 이란성 쌍생아보다 둘 다 알코올 장애인 비율이 더 높았다. 그러나 쌍생아를 대상으로 한 유전 연구의 결과들이 항상 일정하게 나오는 것은 아니다. 이는 아마도 알코올 장애를 보는 문화적인 시각의 차이, 연구 대상자의 수집에서 생기는 문제, 알코올 장애에 대한 정의의 차이 등에 따른 것으로 보인다.

알코올 의존의 위험이 높은 사람은 생물학적·발달적 측면에서 볼 때 뇌파에서 주의attention 활동이 빈약하고, WAIS 지능검사에서 IQ 점수는 정상 범위에 있지만 언어성 소검사와 주의 검사의 수행이 저조하며, 그 아이 역시 언어발달이 느린 특징들이 보고되었다.

가족 알코올 중독famial alcoholism은 알코올 중독자의 가족에 알코올 중독자가 있을 가능성이 높은 것을 말하다. 이럴 경우 알코올 장애는 어렸을 때, 즉 20대 또는 그 이전에 발생하며, 이들의 알코올 장애는 다른 사람들보다 훨씬 심각한 양상을 보인다. 알코올 장애를 가진 사람의 절반 이상이 알코올 장애 가족이 있으며, 이들 중 90% 이상이 친척 중에 2~3명이 알코올 장애가 있는 것으로 나타났다. 어릴 때 알코올 장애 진단을 받을수록 가족 중에 알코올 장애자가 있을 가능성은 더 높아진다. 이 경우 특히 심한 알코올 장애를 보이며, 회복 또한 다른 사람들보다 더 어려운 것으로 나타나고 있다.

알코올 장애에 영향을 미치는 특정한 유전기제가 밝혀지지는 않았지만, 확실하게 유전되는 알코올에 대한 반응이 있다. 많은 사람이 술을 조금만 마셔도 졸음, 메스꺼움, 두통 등의 불쾌한 반응을 경험한다. 알코올에 대한 이런 불쾌한 반응은 동양인을 대상으로 많이 연구되었는데, 동양인의 2/3 이상은 술을 마시면 얼굴이 빨개지고 가슴이 두근거리는 경험을 한다. 이는 아세트알데히드의 작용에 의한 것으로, 동양인들은 이를 분해하는 효소가 유전적으로 부족한 경우가 많다.

서양보다 동양에서 알코올 장애의 비율이 더 적은데, 특히 여성의 알코올 장애가 더 적다. 그러나 이는 유전적인 영향이라기보다는 아마도 문화적 영향 때문인 것으로 보인다. 유전이 알코올 장애에 얼마나 영향을 미치는가에 대해서는 실험적인 검증과 조사가 부족한 상태이지만, 유전이 알코올 장애의 중요한 요인인 것은 확실해 보인다. 따라서 알코올 장애가 어떻게 유전되는지는 좀 더 탐구되어야 할 영역이라고 할 수 있다. ◈

2. 사회문화적 이론

알코올 장애의 사회문화적 이론은 그 사회의 술에 대한 태도와 생각이 알코올 장애의 원인으로 작용한다는 것이다. 전 세계적으로 보았을 때 빈민층에서 알코올 장애 비율이 높고, 미국에서는 특히 흑인에게서 높은 알코올 장애 비율을 보이는 것 등이 이를 반영한다. 특히 술 소비량의 측면에서 세계 1~2위를 다투는 우리나라의 경우 사교적인 모임에는 거의 술이 빠지지 않고 주량과 사회적·대인관계적 능력을 동일시하는 경향이 있는데, 이러한 문화적 압력이 알코올 장애의 확산에 큰 역할을 하는 것으로 보인다.

유태인이나 중국인처럼 전통적인 윤리를 강조하는 집단에서는 알코올 장애의 비율이 낮다. 실제로 특정한 문화에서 술을 마시는 정도와 그 사회의 알코올 문제 빈도 간에는 강한 상관이 있으며, 평균 알코올 사용량이 알코올 관련 문제의 가장 중요한 예언변인이 된다는 연구도 있다.

미국으로 이주해 정착한 1세대 이민인과 그 자녀들인 2~3세대 이민인들의 술을 마시는 양상을 비교하여 사회문화적 배경이 술에 미치는 영향을 연구한 결과, 이탈리아 1세대 이민인들과 유태인 1세대 이민인들은 주로 집에서 술을 마시는데 이들은 술을 즐기고 자주 마시지만 알코올 장애를 갖지는 않았다. 이와는 대조적으로 집보다는 술집에 가서 술을 마시는 아일랜드 1세대 이민인들은 술을 전혀 마시지 않거나 알코올 장애를 갖게 되는 비율이 높았다. 이런 1세대 이민인들의 경우 이미 성장한 후에 미국으로 이민을 왔기 때문에 고국의 사회문화적 배경이 그대로 몸에 배어 있는데, 따라서 이들이 술을 마시는 양상은 각자 자기가 태어나서 자란 국가의 음주 양상을 반영한다고 볼 수 있다.

그러나 이들이 미국에 이민을 와서 정착하고 점차 미국 문화에 동화되어감에 따라 2~3세대 이민인들에게서는 1세대 이민인들이 보이던 차이가 점점 없어졌다. 2~3세대 이탈리아 이민인들과 유태인 이민인들의 알코올 장애 비율은 1세대보다 높아지고, 2~3세대 아일랜드 이민인들의 알코올 장애 비율은 1세대보다 더 낮아졌다. 2~3세대 이민인들의 경우 생물학적 요소는 부모에게서 물려받았지만, 음주문화는 태어나서 성장한 미국 문화의 영향을 받은 것으로 볼 수 있다.

현재 미국 흑인 사회의 가장 큰 문제 중의 하나가 알코올 장애다. 더불어 술은 실직, 범죄, 결혼 파탄, 질병의 원인이면서 동시에 결과가 되고 있다. 술은 미국 흑인 문화에서 특별한 역할을 하고 있다. 이들에게 술은 사람을 만나고 사귀는 데 꼭 필요한 요소이며, 암담한 현실과 미래로 인해 생기는 불안을 잠시나마 잊게 해 주는 별로 비싸지 않은 방법이고, 그들에게 주어진 냉혹한 삶의 탈출구이자 도피처의 역할을 한다. 미국 흑인들의 음주에 대한 정확한 통계자료는 없지만 분명한 것은 흑인이 백인보다 술로 인해 생기는 여러 가지 문제가 더 많고, 술과 관련된 질병에 걸릴 위험성이 더 높으며, 알코올 장애에 따른 신체적·정신적 문제가 훨씬 더 심각하다는 사실이다.

이렇듯 알코올 장애의 사회문화적 요인은 중요하지만 사회문화적 요인과 알코올 장애와의 관계가 일대일로 부합되는 것은 아니다. 유태인 중에 알코올 장애인 사람도 있고, 또 아일랜드 사람 대부분이 알코올 장애인 것은 아니다. 아일랜드 사람들의 알코올 장애 비율은 오히려 낮은 편이다. 알코올 소비량에 대한 세계 각국의 대규모 종단연구에서는 연구 기간에 모든 국가에서 술 소비량이 급격하게 증가했으며, 국가 간 소비량 차이가 역시 점점 감소하는 것으로 나타났다.

알코올 장애와 사회적 맥락 간의 관계를 보는 연구에서는 선원, 철도노동자, 그리고 '술장사'를 하는 사람들, 음식점 주인, 바텐더, 웨이터 등에게서 알코올 장애 발생률이 높음을 보고하였다. 이들은 쉽게 술을 얻을 수 있거나 정기적으로 술을 마실 수 있는 기회가 많은 사람들이었다.

알코올 장애의 원인에 대한 사회문화적 이론에서, 자신이 속한 사회에의 소속감이 어떻게 음주에 영향을 미치는지, 어떤 방식으로 술에 대한 사회문화적 배경이 학습되는지는 좀 더 연구해야 할 문제다. ◆

3. 정신역동 이론

　예전에는 유전적 요인 못지않게 알코올에 의존하기 쉬운 특정한 성격적 결함이 있을 것이라고 생각했다. 소위 '알코올 장애 성격'으로 이를 설명하는 대표적인 이론이 정신역동적 견해다. 정신역동적 입장에서는 발달단계상 구강기에서의 고착을 알코올 장애의 촉발요인으로 본다.

　아이는 태어나 성장하면서 일련의 발달단계를 거친다. 출생 직후부터 1년 반까지가 처음 발달단계인 '구강기'로, 이 기간에는 입, 입술, 혀의 자극에서 쾌락을 추구하고 만족을 구한다. 어떤 발달단계를 적절하게 보내지 못했을 경우 그 발달단계에 그대로 머물러 있는 것을 '고착'이라고 하는데, 알코올 장애의 경우 어렸을 때 어머니와 아이의 상호작용에서 어머니가 아이의 의존욕구를 좌절시키거나 지나치게 충족시키는 것이 구강기 고착을 일으키고, 이런 성향을 가진 사람들이 알코올 문제를 일으킨다고 보았다.

나이트(Knight, 1971)는 알코올 장애를 가진 남성의 경우 어렸을 때 어머니가 지나치게 감싸고돈 경우가 많았고, 이렇게 과잉보호하는 어머니와의 경험으로 인해 계속해서 누군가에게 의존하고 싶은 강렬한 욕구가 생기게 된다고 보았다. 이런 의존적인 욕구를 만족시키지 못하고 좌절할 때 분노를 느끼고, 이런 분노에 대해 죄의식을 느끼며 죄의식을 줄이기 위해서 술을 마시게 된다는 것이다.

한편, 페니켈(Fenichel, 1945)은 어머니에게 무시받은 경험이 어린 남자아이로 하여금 아버지에 대해 무의식적인 동성애 충동을 일으키고, 이는 스스로에게 용납되지 않는 충동이므로 억압하게 된다고 보았다. 이렇게 억압된 충동을 해결하기 위해 술집에서 다른 남자들과 같이 술을 마시게 되고, 이를 통해 여성어렸을 때의 어머니으로부터 받지 못한 정서적 만족을 대신 얻고자 한다고 설명하였다.

또 다른 견해는 대부분의 알코올 장애를 가진 사람들은 이렇게 어렸을 때 자신을 잘 돌보아 주지 않은 어머니에 대해서 무의식적으로 자기 내부에 일종의 '나쁜 어머니' 상을 가지게 된다고 보는 것이 있다. 이들은 이렇게 자기 안에 있는 나쁜 어머니 상을 없애고 싶어 하는 무의식적 소망을 갖게 되고, 술을 마시고 자신의 건강을 해침으로써 그런 자신의 무의식적 소망을 만족시키려고 하는 자기파괴적 성향을 가진다고 본다.

이러한 정신역동적 입장으로부터 구강 의존적 성격 개념이 도입되었는데, 구강 의존적 성격을 가진 사람들은 정서적으로 미숙하고 외로움을 잘 타며 어머니에게 의존적이고, 권위를 가진 인물에 대해 양가감정좋아하고 따르는 감정과 싫어하고 미워하는 감정을 동시에 가짐을 가진다. 이들은 입을 자극하거나 먹고 마시는 것으로 자신의 불안감을 줄인다. 따라서 술이나 약물 등이 이런 역할을 하게 될 가능성이 크다.

알코올 장애와 관련된 특정한 성격 특성은 없지만, 일부 정신분석가는 자아ego의 취약성, 자존감을 유지하는 것의 어려움과 같은 성격의 구조적 결함을 지적하면서, 술이 이렇게 결여된 심리적 성격구조를 채워 주는 기능을 한다고 보았다. 또한 알코올 장애를 가진 사람들은 자존감, 정서 조절, 자기 자신을 돌보는 능력에 문제가 있다고 보는 관점도 있다. 그러나 이러한 정신분석적 설명은 정신분석가들의 임상적 경험과 이론적 논의에 주로 의존하고 있다. 따라서 정신역동적인 이론의 가장 큰 약점은 임상사례의 실증적 연구나 경험적 자료가 매우 부족하다는 것이다.

그럼에도 불구하고 알코올 장애를 가진 사람들의 성격 특성이나 전형적인 방어기제defense mechanism의 특징과 같은 임상적으로 중요한 자료들은 정신역동적인 개념과 용어를 사용함으로써 더욱 풍부해질 수 있다.

알코올 장애를 가진 사람들은 변명을 자주 한다. 이들은 술로 인한 나쁜 행동 때문에 친척이나 친구 또는 주변의 다른 알코올 장애를 가진 사람들에게마저도 비난을 받는다. 죄책감을 줄이기 위해, 다른 사람들의 의심에서 자신을 방어하기 위해, 그리고 하루하루 생활을 해 나가기 위해 이들은 여러 가지 방어기제를 사용한다. 알코올 장애가 진행되어 감에 따라 이들이 사용하는 방어의 가짓수는 많아지고 그 내용도 다양해진다.

알코올 장애를 가진 자에게 방어는 자기 행동의 부정적인 측면을 설명하고 술 마시는 것을 정당화시킬 수 있는 수단이기 때문에, 이들은 방어를 함으로써 자신의 불안을 감소시키고 마음의 상처도 받지 않을 수 있다. 그러나 방어는 현실을 똑바로 인식하고 깨닫는 것을 방해하기 때문에 알코올 장애를 가진 사람이 자신의 문제를 해결하기 위한 행동을 할 가능성을 줄인다. 이들은 사건을 자신이 보고 싶어 하는 방향으로 보기 때문에 지각이 매우 왜곡되어 있다. 다음은 알코올 장애를 가진 사람들이 사용하는 대표적인 방어기제다.

• 부인

부인은 가장 일반적으로 사용되는 방어다. 술 마시는 것과 관련되는 것은 어떤 것이라도_{때로 자신들이 술을 마시고 있다는 사실까지}도 부인함으로써 고통과 상처로부터 자신을 보호한다. 예컨 대, "누가 뭐라고 하든 나는 신경 쓰지 않아요. 나는 알코올 장 애가 아니에요." "혈액검사가 아마 잘못되었을 거예요. 나는 술을 마시지 않아요." "내 차에 있는 술병이 누구 건지 나는 몰 라요. 내가 술 끊었다고 했잖아요." "뭐가 문제지요? 내가 술 먹는 것은 당신과 상관없잖아요."라고 말한다.

• 합리화

알코올 장애를 가진 사람은 자신이 술 마시는 것이나 자신 이 마신 술의 양, 취했을 때의 행동 등을 정당화한다. 예컨대, "술 마시는 것은 내 생활의 일부예요." "내가 피곤하고 우울하 지 않았다면 술 마시는 게 그렇게 힘들지는 않았을 거예요." "누구나 약간씩은 술을 마셔요." "결혼식 때는 누구나 좀 취하 잖아요." "잠이 들려면_{편안해지려}면 술을 마셔야 해요."라고 말 한다.

• 외향화

알코올 장애를 가진 사람은 자신이 술을 많이 마시는 것이 나 자신의 문제 혹은 자신의 좋지 않은 행동을 가지고 다른 사 람을 비난한다. 이들은 자신이 술을 마시는 이유는 다른 사람들의 문제에 기인한다고 믿는다. 예컨대, "네가 그렇게 잔소리만 안 했어도 내가 술을 마시지는 않았을 거야." "직장이 너무 짜증나요." "직장 상사 때문에 힘들어요." "당신과 결혼했다는 것만으로도 술 마시는 충분한 이유가 되지!" "당신도 나와 같은 걱정거리가 있다면 분명히 술을 마실 거예요."라고 말한다.

• **최소화**

알코올 장애를 가진 사람은 특정한 사건을 별로 중요해 보이지 않을 때까지 축소시키려고 한다. 알코올 장애를 가진 사람은 자신이 마시는 술의 양을 줄여서 말하고, 술을 마신 것으로 인한 결과도 축소하려고 한다. 예컨대, "나는 당신이 이런 일에 너무 과잉 반응하고 있다고 봐요." "좋아요, 내가 술을 좀 마시긴 했지만 그건 단지 사소한 사고에 불과하다고요." 술을 잔뜩 마시고 차를 박살 낸 것에 대한 반응, "아뇨, 난 그냥 소리만 질렀어요." 술이 취해서 배우자를 때린 것에 대한 반응라고 말한다.

• **선택적 회상**

알코올 장애를 가진 사람은 상황에 대해서 자신이 기억하고자 하는 것, 예를 들면 자신의 생각을 지지하고 자신의 행동을 정당화하는 사실들만 기억한다. 예컨대, "어떻게 내가 그의 마음에 상처를 줄 수 있겠어요? 그가 나에게 차로 집까지 바래다 주겠다고 했고, 나는 그를 때릴 생각이 없었어요." **잔뜩 취해서 상대방이 집까지 태워다 줄 수밖에 없었음**라고 말한다.

• 기분 좋은 회상

알코올 장애를 가진 사람은 때로 그 상황에서 좋았던 것만을 기억한다. 그들은 취했을 때 자신이 한 말이나 행동을 정확하게 기억하지 못한다. 그들은 단지 '즐거운 파티에 있었다는 것'만을 기억한다. 이들은 자신이 술을 마셔서 얼마나 기분이 좋았던가 하는 것만 기억한다.

• 억압

고통스럽고, 부끄럽고, 죄책감이 들고, 두렵고, 당황스럽고, 화나게 했던 것을 기억하고 싶은 사람은 아무도 없다. 때로는 실제로 일어난 것, 실제로 자신이 느낀 감정을 그냥 '잊어버리는' 것이 더 쉽다. 예컨대, 알코올 장애를 가진 사람은 밤새도록 술을 마시고 그 다음날 아침에 눈을 뜨면, 전날 밤에 일어난 일에 대해서 생각하는 것이 너무 괴롭기 때문에 그냥 '잊어버린다.' ◆

4. 인지행동 이론

　행동주의 이론은 우리가 중요한 타인을 통해 술 마시는 것을 관찰하고, 학습하는 것이 중요함을 강조한다. 이와 같은 중요한 타인으로는 부모나 친척, 형제 등을 들 수 있다. 어렸을 때 자신에게 중요한 타인이 생활상의 문제에 대처하기 위해 또는 불안이나 우울에서 벗어나기 위해 술을 마시거나 약물을 사용하는 것을 보면서 자란 아이들은 이런 행동을 보는 것만으로도 학습이 이루어진다. 즉, 문제행동을 보는 것만으로도 이를 배우고 나중에 따라하게 된다는 것이다.

　중요한 타인의 행동뿐만 아니라 TV에서 누군가 술을 마시는 것을 보면서, 또는 거리나 술집에서 누군가 술 마시는 것을 보면서 술 마시는 행동을 간접적으로 학습할 수 있다. 중학교나 고등학교에서 선배나 또래들과 어울리면서 술 마시는 것을 배우게 되기도 한다. 모델링modeling에 따른 학습은 어렸을 때

뿐 아니라 성인이 된 후에도 일어난다. 일련의 연구에 따르면, 술을 얼마나 많이 마시는가 하는 것은 누구와 같이 술을 마시는가와 많은 관련이 있다. 남자들과 같이 마실 때, 특히 술을 많이 마시는 남자와 같이 마실 때는 모델링의 영향으로 술을 더 많이 마시게 된다.

한 연구자는 특히 젊은 대학생들에게서 나타나는 사회적 음주social drinking의 결정요인을 알아보기 위한 일련의 실험 연구를 하였다. 이 연구에서 다른 사람으로부터 어떤 평가를 받게 될 것이라는 위협적인 상황을 만들었을 때 피험 대학생들은 술을 더 많이 마셨다고 한다. 사회적 음주가 사회적 요인에 많은 영향을 받는다는 것은 분명하다. 군대와 같이 술을 많이 마시는 집단의 경우, 술을 마시라는 압력에 따라 마지못해서, 또는 이를 거부했을 경우에 오게 될 따돌림 등이 두려워서 술을 마시게 된다. 지금까지 연구된 것을 살펴보면 대인평가, 분노, 모델링과 같은 사회적 요인이 문제 음주를 일으키는 중요한 결정요인인 것으로 보인다.

행동주의자들은 술이 스트레스를 해소하는 강화 작용을 한다고 보고, 이런 강화 효과에 따라서 알코올 장애가 학습된다고 주장한다. 이를 긴장해소 가설이라고 한다. 이 이론은 상당히 설득력이 있고 많은 연구를 통해 지지받고 있다. 임상 관찰에서 볼 때 알코올 장애와 불안 간에는 강한 관련성이 있는 것으로 보이며, 이는 불안한 사람들이 불안을 해소하기 위해 술을 마신다는 것을 의미한다. 역학 연구에서 볼 때 문화적 스트레스와 술 마시는 것 사이에는 많은 관련성이 있는 것으로 나타나고 있으며, 또한 생활사건을 많이 겪을수록 술을 많이 마시는 것으로 밝혀졌다. 마지막으로 음주가 스트레스 자극의 효과를 감소시킨다는 실험 연구 보고도 있다.

그러나 술을 지속적으로 계속해서 많이 마실 때에는 긴장이 줄어드는 것이 아니라, 오히려 기분이 나빠지고 저조해지며 불쾌해지는 것을 경험한다. 이는 긴장감소 가설의 이론에 위배되는 것으로, 최근 이에 대한 대안을 제시하는 연구들이 이루어지고 있다. 술이 생리적 반응체계에 미치는 효과에 대한 실험에 따르면, 알코올의 효과는 두 가지 양상으로 나타나게 된다. 술을 마시면 혈중 알코올 농도가 낮은 초기에는 신체가 각성되고 심장박동이 증가하며, 주관적으로 흥분하고 힘이 솟아나며 자신을 더욱 강하게 지각한다. 그러나 점차 혈중 알코올 농도가 올라가면서 신체는 반대로 작용해서 피로감을 느끼고 멍해지며, 구토를 하고 불쾌감이 높아지게 된다. 이와 같이 술을 금방 마셨을 때는 긴장감소 가설과 같은 효과가 나타나지만 그 뒤에 계속해서 술을 마셨을 때는 이와는 매우 다른 효과가 나타난다.

사람들은 스트레스를 받으면 술을 마시는데, 이는 술이 스트레스를 직접적으로 줄여 주기 때문이 아니라, 적어도 일시적으로는 기분이 좋아지는 긍정적 효과를 기대하기 때문이다. 따라서 술이 스트레스와 불안을 감소시킬 것이라고 기대하는 사람들은 더 자주 술을 마신다. 술을 마시면 기분이 좋을 것이라는 기대를 갖는 이유는 음주 후 반응의 첫 흥분단계에서 술이 즉각적 강화를 주는 효과가 있기 때문이다. 행동주의 입장에서 보면 즉각적 강화가 지연된 강화보다 훨씬 더 강한 효과를 가지는데, 이런 효과로 알코올 의존이 될 수 있을 것이다.

헐(Hull, 1981)은 긴장감소 이론을 보다 구체적으로 발전시켰다. 그는 알코올이 자기에 대한 정보를 수집하는 인지적 과정에 간섭하는 방식으로 자각을 감소시킨다고 주장하였다. 따라서 어떤 사람이 자기에 대한 부정적인 생각 때문에 괴로워하고 있을 경우 술을 마시는 것은 이러한 긴장을 직접적으로 감소시켜 줄 수 있을 것이다.

헐은 자신의 이론을 지지하는 증거들을 종합했는데, 예를 들어 술을 마시면 사람들이 말을 할 때 자기에게 초점을 두고 말을 하는 횟수가 줄어드는 것을 보여 주었다. 또 다른 연구에서도 술을 마시면 수행을 잘하지 못하는 것에 대한 자각이 감소되는 것으로 나타났다. 또 헐은 자기를 많이 의식하는 피험자들이 실험실에서 유도된 실패 경험을 한 뒤에는 자기의식이 낮은 피험자들보다 술을 더 많이 마셨다고 보고하였다. 이들

은 실패 경험 및 실패로 인해 자기에 대한 부정적인 생각을 갖
게 된 것에 대처하기 위해 술을 마신 것으로 보인다. 긴장감소
이론은 앞으로도 알코올 장애를 이해하는 유용한 틀이 될 것
이다.

한편, 인지적 입장에서는 알코올 의존자들이 지니고 있는
알코올에 대한 긍정적 기대와 신념의 중요성을 강조한다. 대
표적 이론인 음주 기대 이론alcohol expectancy theory에 따르면 알
코올의 효과는 음주 결과에 대한 기대나 신념의 결과라는 것
이다. 즉, 알코올 장애를 가진 사람은 '술을 마시면 즐거울 것
이다' 혹은 '술을 마시면 자신이 겪고 있는 문제가 해결될 것
이다'와 같은 기대를 가지고 술을 마신다. 그러면 술을 마시는
것으로 인한 실제적인 정서 경험보다는 자신의 기대에 의해서
이런 정서적 경험을 해석하고 받아들이게 된다. 즉, 술의 생리
적인 효과와 자신이 술에 대해 가지고 있는 기대가 합쳐져서
술의 효과를 느끼게 되고, 이런 경향이 계속해서 술에 의존하
게 만든다고 본다.

한 연구에서는 술과 위약placebo, 실제로는 아무 효과가 없는 가짜 약
을 사용한 실험을 하였다. 실험집단을 4개로 나누고는 각 집
단에게 술과 위약을 주었다. 이때 두 집단에게는 음료를 술이
라고 하였고, 다른 두 집단에게는 그냥 음료수라고 하였다. 연
구 결과를 보면 술이라고 알려 주면서 마시게 한 앞의 두 집단

이 음료라고 알려 준 뒤의 두 집단에 비하여 뚜렷한 불안해소 반응을 보였다즉, 술이라고 생각하면서 음료수를 마신 사람들은 '이것은 술이다.' 라는 생각만으로도 불안이 줄어들었다. ◆

알코올 장애를
어떻게 치료할 것인가

3

알코올 의존자들은 자신이 술로 인해 주변 사람들에게 너무 많은 상처를 주었다는 사실을 인식하고 우울증에 빠지게 되는 경향이 있다. 알코올을 통해 현실을 회피하고 부인하며 살아왔던 사람이 고통스러운 현실에 맞닥뜨리게 되는 치료 과정은 따라서 매우 세심한 주의가 필요하다. 한 연구에 따르면, 자살하는 사람 중 25%가 알코올 의존자이며, 알코올 의존자의 자살 가능성은 일반인의 60~120배나 된다고 한다. 알코올 의존자들의 치료에서는 이들이 겪게 될 우울증과 자살의 위험을 유념하고, 정확히 평가함과 동시에 회복 노력을 지지하는 가족, 친구, 동료, 자조집단의 사회적 연결과 지지가 매우 중요하다.

알코올 의존도가 심한 사람은 입원치료가 바람직한 것으로 알려져 있다. 술에 대한 유혹을 뿌리치기 힘든 상황에서 술을 구할 수 있는 환경으로부터 이들을 차단하는 것은 매우 중요하다. 병원에 입원하면 술로부터 차단될 뿐 아니라 금단현상을 줄일 수 있는 진정제를 투여받게 된다. 알코올이 차단된 입원 병동에서는 꾸준한 약물치료와 함께 알코올 관련 교육을

받을 수 있으며, 술에 의존하는 것이 아닌 다른 대안적 대처
방식을 학습하고 스트레스를 감소시킬 수 있는 대처훈련, 자
기주장훈련, 이완훈련, 명상 등의 다양한 치료기법을 통해 알
코올 의존 상태를 다스릴 수 있게 된다.

1. 개인치료

집단치료와 비교해서 개인치료가 가지는 장점이 있다. 무엇보다 환자를 좀 더 세심하게 관찰하고 평가할 수 있으며 따라서 감별 진단과 공존 정신장애를 보다 정확하게 짚을 수 있다. 그런 정신장애가 있을 경우 적절한 치료를 병행하는 것이 필요한데, 치료자는 개인치료를 통해 환자에 대해서 좀더 빨리 많은 정보를 알 수 있고, 이러한 정보를 바탕으로 치료자는 적절한 시기에 치료적 개입을 할 수 있다.

알코올 장애에 대한 개인치료에서 중요한 것은 치료자가 개입하고 개입하지 말아야 할 시기를 잘 파악하는 것이다. 성급한 개입은 분노나 회피를 불러일으킬 수 있고, 극단적인 경우 환자는 치료를 그만둘 수도 있다. 따라서 치료자는 환자에 대한 폭넓은 지식을 갖추어야 한다. 재발과 관련되는 단서나 촉발요인에 있어서도 환자에 대한 지식은 중요한 요소다. 개

인치료를 통해 개별 환자에 대해서 구체적인 재발 방지 전략
을 세울 수 있다. 그러나 개인치료는 회복 단계에 있는 동료
환자들의 지지와 그들과의 동일시를 제공할 수 없다는 문제점
이 있다. 따라서 개인치료와 단주친목 참여를 병행한다면 회
복에 도움이 되는 동료 집단의 지지를 받을 수 있을 것이다.

알코올 장애에 대해서는 개인치료가 그다지 활성화되어 있
지 않지만, 집단치료에 저항을 보이고 다른 정신적인 문제를
함께 가지고 있는 사람에게는 개인치료가 가장 효과적인 치료
방법이 될 수 있다. 이를 통해 치료자에 대한 의존적인 관계에
서 전이가 일어날 수 있으며, 이러한 전이는 술을 마시는 문제
에 영향을 미칠 뿐 아니라 알코올 장애를 가진 사람의 특징인
자기지각과 자기파괴적인 행동을 변화시킬 수도 있다. 개인치
료는 집단 장면에 있을 때 불편감을 느끼거나 민감한 정보가
노출되는 것을 두려워하는 사람들에게도 효과적인 치료 방법
이 될 수 있다. 알코올 장애를 가진 사람들은 다양한 사람이
혼재하는 이질적인 집단이므로 단일한 치료 방법을 모든 환자
에게 적용하기는 어려울 것이다.

과거에는 대부분의 치료자가 알코올 장애에 대한 심리치료
가 별로 효과적이지 않다고 생각하였다. 이는 알코올 장애에
대한 정신분석치료가 효과를 보지 못하고 실패로 끝나는 경우
가 많았기 때문이었다. 또한 정신분석적 입장에서는 알코올

장애를 가진 사람이 정신적인 문제를 가지고 있으며, 이 정신적인 문제가 알코올 장애라는 형태로 표출되는 것이라고 보고, 이 문제를 밝혀 내고 이로 인해 술을 마시게 된다는 것을 깨닫게 하면 알코올 장애가 사라질 것이라고 보았다. 그러나 알코올 장애는 생물학적 · 사회문화적 · 심리적 요인과 같은 여러 가지 원인이 복합적으로 작용하는 장애이므로 정신분석의 이러한 입장은 현상의 단지 일부분만을 설명하는 것이다.

심리치료자들은 정신분석적 치료가 별다른 효과를 거두지 못하자 알코올 장애 환자를 피하게 되었다. 그러나 심리치료에는 정신분석치료 외에도 많은 치료 기법이 있다. 실제로 환자의 행동과 감정을 변화시키는 것을 목적으로 치료자와 환자 간에 이루어지는 모든 형태의 언어적 상호작용을 심리치료라고 할 수 있다. 알코올 장애를 가진 사람들이 자조적 치료 모임인 단주친목에서 이루어지는 과정도 일종의 심리치료라고 할 수 있다.

일찍이 티부(Tiebout, 1962)와 폭스(Fox, 1965)는 알코올 장애에 대한 정신역동적 심리치료의 방식을 변화시키려고 하였다. 이들은 알코올 장애의 치료에 대해서 정신역동적인 입장을 취했지만, 치료에서 제일 먼저 해야 하는 과정은 내면의 심리적 문제를 건드리는 것보다도 음주를 줄이는 것이라고 보았다.

알코올 장애에 대한 심리치료에서는 치료자의 적극적 개입이 효과적인 것으로 나타났다. 치료 초기에는 무의식적 사고와 감정에 대한 해석을 사용하지 않는다. 그보다는 술을 마시지 않는 상태를 유지하고 재발을 촉발하는 요인을 억제하는 것에 관한 직접적인 지시와 안내가 널리 사용되고 있다. 이 접근은 환자의 심리적 요구와 취약성에 대한 광범위한 지식에 바탕을 두어야 한다. 또한 치료의 과정에서 강력한 전이와 역전이가 치료적으로 사용될 수 있는지를 고려해야 한다.

1) 정신역동적 관점

많은 연구자가 의존 욕구에 대한 갈등이 알코올 장애를 일으키는 중요한 심리적 요인이라고 보았다. 이러한 갈등은 어렸을 때 부모에게 거절당했거나, 과잉보호를 받았거나, 또는 부모가 알코올 장애를 갖고 있어서 너무 어린 나이에 과도한 책임감을 짊어지게 되는 것 등과 관련된다. 알코올 장애를 가진 부모의 아이에 대한 연구문헌 역시 이와 같은 문제들을 언급하고 있다.

알코올 장애를 가진 사람에게서 나타나는 심리적 갈등은 낮은 자존감, 무가치감, 부적절함 등으로 이루어져 있다. 이러한 감정들은 부인되고 억압되어서 돌봄을 받고 받아들여지고자 하는 무의식적 욕구로 나타나게 된다. 이러한 의존적인 욕구들은 현실에서는 충족될 수 없기 때문에 불안 및 의존 욕구를 보상하고자 하는 통제, 힘, 성취, 자존감을 높이고자 하는 욕구로 나타나게 된다. 따라서 의존적인 욕구와 보상 욕구 간에 갈등이 일어나게 되는데, 알코올 장애를 가진 사람들은 이와 같은 갈등을 부인하면서 거대자기와 같은 지나친 자기애적 방어를 보이게 된다. 알코올은 남성에게는 전지전능함과 강한 느낌을 일으키고, 여성에게는 과도한 여성성을 일으킨다.

알코올 장애를 가진 사람들은 술을 마시고 난 다음 날 아침에 일어나면, 술을 마시기 전과 달라진 것이 아무것도 없고 자신의 문제가 그대로 남아 있다는 것을 발견하고는 죄책감과 절망감을 느끼게 된다. 이들은 원초적이고 처벌적인 초자아를 가지고 있으며, 무가치감이 증가되고 갈등은 악순환에 빠지게 된다. 따라서 알코올에 심리적으로 의존하게 되고, 결국에는 그것에 신체적으로 의존하는 중독 상태에 이르게 된다.

알코올은 현실에서는 이룰 수 없는 힘, 통제, 자존감이 높아지는 느낌을 가질 수 있게 한다. 이와 같은 심리적 갈등을 가지고 있는 사람이 알코올에 대한 유전적 소인을 가지고 있거나, 알코올이 기분을 좋게 해 주는 방법으로 허용되고 있는 사회에 살고 있거나, 또는 알코올에 대해서 좋아하는 동시에 싫어하는 양가감정을 가지고 있는 경우에 그 사람은 알코올 중독자가 되기 쉽다.

단주친목과 같은 자조집단에서는 알코올 장애를 가진 사람의 자기애가 다른 알코올 장애를 가진 사람을 도와주는 것으로 인해 승화되고, 따라서 그들의 거대자기의 욕구가 만족된다. 자신이 사회적으로 유용하며 집단에게 받아들여진다는 것이 알코올 장애를 가진 사람의 의존 욕구를 충족시키기 때문에, 이와 같은 자조집단은 치료에 효과적이다. 단주친목 구성원들은 자신이 알코올 장애를 가진 다른 사람을 지지하는 것이 그 사람이 술을 마시지 않는 것을 도와준다는 사실을 깨닫게 된다. 따라서 단주친목이 성공적으로 이루어지기 위해서는 알코올 장애를 가진 사람들이 자신과 다른 사람의 심리적 갈등 및 욕구에 대해서 이해하는 것이 필요하다.

고전적인 정신분석적 접근에서는 치료자가 환자의 바탕에 깔려 있는 심리적 갈등을 밝혀 내기 위해서 방어기제를 분석하고자 하였다. 그러나 이와 같은 치료 기법은 불안을 일으키고, 불안은 술을 마시고자 하는 욕구를 일으켜 결국 치료는 큰 효과를 거두지 못하게 된다. 또한 자신의 무의식적 갈등에 대해 알게 된다고 하더라도 통찰 그 자체만으로는 생리적 중독을 해결하기 어렵다.

알코올 장애를 가진 사람에 대한 심리치료에서 가장 주된 문제는 자기파괴적인 음주를 계속하게 만드는 뿌리 깊은 열등감과 의존 욕구를 부인하는 자기애적 거대성을 뚫고 들어가는

것이다. 이들은 자기 자신뿐만 아니라 자신이 사랑하는 사람
까지도 파괴한다. 자신의 행동에 대한 통찰력이 없는 이들이
보이는 전형적인 반응은 '나는 마음만 먹으면 언제든지 술을
그만 마실 수 있다.'는 것이다. 치료가 성공적으로 이루어질
경우, 이러한 자기기만은 깨질 수 있다.

2) 감별 진단과 치료

알코올 장애의 치료에 있어서 중요한 원칙은 그들이 동질
적인 집단이 아니라는 점이다. 알코올 장애를 가진 사람들이
집단에는 각각 독특한 치료를 필요로 하는 여러 하위 집단이
존재한다. 알코올 장애를 가진 모든 사람을 성공적으로 치료
할 수 있는 단일한 치료 방법은 없다고 보는 것이 좋다.

알코올 장애의 다양한 하위 집단 중에는 발달상의 문제와 관
련된 문제 음주자problem drinker가 있는데, 여기에는 성인 문제
음주자와 알코올 장애 노인이 포함된다. 이러한 집단에서 나타
나는 알코올 장애의 증상은 일반적인 알코올 장애 집단과 다르
며, 성인의 적응 문제 및 노쇠에 대한 스트레스와 관련된다.

알코올 장애의 또 다른 커다란 하위 집단에는 다른 정신장
애를 함께 가지고 있는 집단이 있으며, 이들을 이중 진단 환자
라고 한다. 최근 들어, 이 집단의 유병률이 높고 치료가 어렵

다는 사실이 확인되었다. 많은 알코올 장애 환자가 다른 물질 중독을 함께 가지고 있다. 알코올 장애를 성공적으로 치료하고 알코올 장애 이외의 문제를 확인하기 위해서는 완전한 정신병력, 정신 상태 검사, 발달력과 가족력이 필요하다.

알코올 장애 치료에서 또 다른 중요한 원칙은, 술을 많이 마시는 환자에게서 다른 정신장애의 징후나 증상이 나타난다면 우선 체내에서 알코올을 제거하고 술을 마시지 않는 상태로 3~6주가 지난 후에야 비로소 공존하는 정신장애에 대한 진단을 효과적으로 내릴 수 있다는 것이다. 과도한 알코올 사용이 다양한 기질적·기능적 정신장애를 일으킬 수 있기 때문에 이 과정은 매우 중요하다. 적절한 치료를 하기 위해서도 이런 합병증을 정확히 이해하는 것은 매우 중요하다.

알코올 장애 환자들에게서 나타나는 합병증에는 알코올 장애와 관련된 급성·만성 정신 증상이 있다. 알코올 장애의 다른 합병증으로는 주의력결핍장애, 조현병, 경계선적 증상, 정동장애, 성격장애, 불안장애 등이 있다. 개인 평가와 개인치료를 통해서 감별 진단이 가장 잘 이루어질 수 있으며, 개인치료와 집단치료를 병행하는 통합적인 방식으로 적절하고 구체적인 치료를 할 수 있다.

알코올 금단증상에는 떨림, 금단발작, 환각, 알코올 금단섬망이 있다. 대부분 다이아제팜diazepam을 7~10일 동안 15~

20mg씩 사용하면 떨림 현상은 줄어든다. 다른 심각한 금단증상은 벤조디아제핀benzodiazepine을 제독 요법으로 사용하면서 병원에서 치료를 받아야 한다.

알코올 장애 관련 치매는 기억력 손상과 지적·인지적 손상을 보이는 만성 기질적 정신장애로 오랜 기간 과도하게 술을 마셨을 경우에 나타난다. 알코올 장애를 가진 사람의 뇌를 단층 촬영했을 때 발견되는 대뇌 위축은 이 장애와 반드시 관련되는 것은 아니다. 진단을 내릴 때에는 정확한 정신 상태 검사와 신경심리학적 검사를 실시하여야 한다. 알코올 장애 관련 치매는 입원을 해서 그들의 정신 기능이 어느 정도 향상될 때까지 장기간 치료를 받아야 한다. 대뇌 위축이 심각한 환자는 술을 마시지 않는 기간이 적어도 3~6개월 지속되어야만 언어치료에 반응할 수 있다.

공식적인 진단명은 아니지만 많은 알코올 장애 환자는 장기 금단 증후군을 보인다. 이 장애의 특징은 안절부절못하고 정서적 불안정성, 불면증, 불안이 수주에서 수개월까지 지속되는 것이다. 이 장애는 중추신경계에 남아 있는 알코올의 독성으로 인해 나타나기 때문에 장기간 술을 마시지 않으면 곧 사라지지만, 많은 알코올 장애 환자는 이러한 불쾌한 증상이 계속 지속되기 때문에 이를 없애기 위해 다시 술을 마신다. 그러므로 환자에게 이를 엄중히 경고해야 한다.

어떤 알코올 장애 환자는 어렸을 때 주의력결핍장애를 보인 경험이 있는 것으로 나타났다. 그들은 성인이 되어서도 여전히 주의력결핍장애와 충동성을 보인다. 알코올 장애 환자가 어렸을 때 과도한 활동성과 주의력장애 및 충동성을 보였다면, 발달력을 포함하여 개인력을 주의 깊게 살펴본 후에 진단을 내릴 수 있다. 술을 마시지 않고 6~8주 정도 지내면서 관찰을 하는 것이 진단에 도움이 된다. 이들이 알코올 장애에 대한 치료와 함께 이미프라민imipramine 같은 흥분제 복용을 하면 주의력결핍장애의 증상을 줄이고 회복하는 데 도움이 된다. 때로 이런 환자들은 알코올뿐만 아니라 코카인도 사용하므로 이와 같은 흥분제가 코카인의 대용 역할을 할 수 있다.

조현병 환자는 자가 치료의 일환으로 술을 마시는 것으로 알려져 있다. 술을 마시지 않은 상태에서 이들을 3~4주 정도 관찰하면 기능적 정신증 증상을 나타내며, 보통 이런 증상이 오랜 기간 지속되고 알코올 장애 문제가 있기 전에 정신병원에 입원한 경력이 있는 경우가 많다. 조현병이 있는 경우에는 약물치료와 더불어 사회적 · 직업적 재활 프로그램에 참여시킨다. 조현병이 효과적으로 치료되면 일반적으로 알코올 장애는 같이 사라진다.

경계선적 증후군이 있는 환자 중 상당수가 술을 마시며 알코올 장애로 발전한다. 경계선 성격장애 환자는 알코올 장애가 생기기 이전에 정서장애나 행동장애를 보였던 경우가 많다. 여기에는 충동적 행동, 매우 빈약한 대인관계, 부적절하고 강렬한 분노, 취약한 자기정체감, 자해, 장기간의 우울증, 공허함, 지루함, 외로움, 강한 불안이 있다. 이들에게는 지지적 심리치료가 필요하며 이와 함께 우울증과 불안에 대해서 적당한 약물을 복용하는 것이 좋다. 벤조디아제핀은 남용될 여지가 있기 때문에 처방하지 않는 것이 좋다. 단주모임은 이런 환자들의 의존 욕구를 상당 부분 채워 줄 수 있으며 심한 사회적 고립감과 외로움을 줄여 줄 수 있다. 술을 마시지 않은 상태에서 4~6주간 살펴보고 앞에서 언급한 것과 같은 증상들이 있을 경우에 적절한 진단을 내리는 것이 필요하다.

불안은 알코올 장애를 가진 사람들에게서 일반적으로 나타나는 증상이다. 그러나 알코올 장애가 주된 증상이라면 약 4주 동안 술을 마시지 않고 해독함으로써 불안을 사라지게 할 수 있다. 몇몇 알코올 장애 환자의 경우 장기 금단증상의 일부분으로 불안이 오래 지속되기도 한다. 어떤 환자는 불안을 줄이기 위해서 술을 마실 때 공황 반응의 특징을 보이는 강렬한 불안을 경험한 적이 있다고 보고하기도 한다. 이런 환자들은 공황장애이거나 알코올 장애가 이차적 문제인 경우다. 이와 같은 환자들은 술을 마시지 않은 상태를 유지하면서 공황장애를 치료하여야 한다. 일단 공황장애가 효과적으로 치료되면 일반적으로 알코올 장애는 줄어들거나 사라진다.

알코올 장애는 다른 신경증적 장애나 성격장애와 함께 나타날 수도 있다. 이런 경우에는 신경증적 장애나 성격장애에 대한 심리치료가 이루어지기 전에 6개월에서 1년 정도 금주를 해야 한다.

우울은 알코올 장애를 가진 사람들이 가진 아주 일반적인 증상으로, 대개 4주 정도 금주를 하면 줄어들거나 사라진다. 그러나 알코올 장애 환자들 중 소수의 남성5% 이하과 상당수의 여성25~50%의 경우, 술을 마시지 않은 상태에서도 우울증이 계속된다. 이런 사람들은 주요 우울장애를 함께 가지고 있으므로 이에 따른 약물치료와 심리치료를 받아야 한다. 단, 약물치료를 할 때는 이러한 약 처방이 후유증에 대한 것이지 알코올 장애에 대한 것이 아님을 환자에게 알려 줘야 한다.

공존하는 정신장애가 있는 알코올 장애 환자일 경우 효과적인 감별 진단과 적절한 치료가 이루어져야 한다. 대부분의 경우 알코올 장애가 주된 증상이고 정신과 치료가 필요하지 않은 경우가 많다. 그러나 정신과 치료가 필요한 환자라면 이와 같은 다중치료 접근이 필수적이다.

3) 생물학적 치료

알코올 장애에 대한 생물학적 치료는 오랜 기간 술을 마시지 않음으로써 체내에서 알코올 성분이 모두 빠져나가도록 하는 해독과 약물을 복용하도록 하는 두 가지 방법이 있다.

알코올 장애의 치료에서 가장 우선되어야 하는 것은 해독이다. 술을 마시지 않음으로써 알코올 성분이 체내에서 다 없어지도록 하는 해독 과정은 알코올 장애 환자들에게 심리적으로 매우 어려운 치료이고, 심각한 금단증상이 발생할 수 있으므로 입원이 필요하다. 치료 기간은 약 1개월 정도 걸린다. 술을 마시지 않음으로써 생기는 불안과 금단으로 인한 불편감을 줄이기 위해 대개 진정제가 주어진다. 그러나 알코올 장애 환자들은 진정제를 오용하는 경우가 많기 때문에, 일부 치료기관에서는 술을 마시는 것을 갑자기 중단시키기보다는 진정제 없이 서서히 줄여 나가는 방법을 사용하기도 한다.

일반적으로 알코올 장애 환자가 입원을 하면 조용하고 안정된 분위기 속에서 우선 비타민, 특히 티아민을 충분히 공급한다. 해독에는 반감기가 길고 다이아제팜보다 행복감을 일으키는 효과가 적어 남용될 가능성이 적은 클로르다이아제폭사이드chlordiazepoxide가 널리 쓰인다(민성길, 1994). 용량은 개인과 증상에 따라 달라진다. 대개 첫 이틀 동안은 하루에 200mg

씩 여러 차례 나누어 경구 투여하거나 근육에 주사하며, 그 이후 매일 조금씩 줄여 나간다. 중간에 금단증상이 나타나면 다시 필요한 만큼 증량하기도 한다. 정신병적 합병증이 없는 한 약물의 부작용 때문에 항정신병 약물은 권장되지 않는다.

알코올 장애 치료에 대한 동기가 강력하고 주변의 지지체계가 확실할 경우에는 입원하지 않고도 해독을 시도할 수 있다. 이때 클로르다이아제폭사이드를 첫날에는 매 4시간마다 25mg씩 투여하고 그 이후에는 감량해 나간다. 진전이 심하거나 금단증상이 심하면 100mg으로 근육 주사한다. 클로르다이아제폭사이드는 흡수 속도가 느리기 때문에 알코올 해독에는 오히려 도움이 된다.

한편, 진전섬망을 비롯한 금단증상은 해독 과정에 있는 환자에게 치명적인 결과를 가져올 수도 있으므로 적절하게 치료하여야만 한다. 가장 좋은 치료는 물론 예방이다. 금단증상이 나타날 가능성이 있는 환자에게는 대개 클로르다이아제폭사이드 25~50mg을 2~4시간 간격으로 투여하고 위험이 없어질 때까지 계속 투여한다. 일단 섬망이 나타나면 50~100mg을 4시간 간격으로 투여한다. 동시에 고단백·고칼로리의 음식과 비타민 복합제, 그리고 충분한 수분을 제공한다. 흔히 나타나는 식욕감퇴, 구토, 설사 등에 대해서는 대중 요법으로 대처한다. 이러한 해독 과정에서 환자들은 대개 당황해하고 겁

을 내므로 치료자의 온화하고 지지적인 대화와 격려가 필수적
이다.

알코올 장애를 일단 해독한 뒤에 다시 술을 마시지 않게 하
는 유지 치료 내지 재발 방지 치료는 매우 어렵다. 환자가 퇴
원한 뒤에는 마음만 먹으면 어디서나 술을 쉽게 구할 수 있기
때문이다. 일단 해독 과정을 통과하고 수십 번씩 다짐과 맹세
를 한 후에도 며칠 만에 다시 술을 마시고 병원에 실려 오는
일은 아주 흔한 광경이다.

알코올 장애의 재발을 방지하는 약물인 안타부스Antabuse/
disulfiram는 1948년 유럽에서 처음 소개되었으며, 술을 마시면
구토를 유발해서 술 마시는 것이 싫어지도록 만드는 약물이
다. 알코올 장애 환자가 이를 계속 복용하려는 동기만 있으면
알코올 장애의 치료 및 재발 방지에 도움이 된다.

안타부스, 즉 디설피람은 에탄올의 중간 대사물인 아세트
알데하이드의 분해를 막음으로써 알코올이 체내에 흡수되는
과정을 방해한다. 이렇게 혈액 내에 아세트알데하이드가 계속
축적되면 메스꺼움, 구토, 자율신경계 각성심작박동 증가, 과호흡
등, 식은땀, 팔다리 저림 등의 매우 불쾌한 증상이 생긴다. 이
들 증상은 30~60분 정도 지속되며 이어 졸음이 오는데 한숨
자고 나면 없어진다. 따라서 이 약물의 복용은 행동치료의 일
종인 혐오치료라고 할 수 있다. 복용한 사람은 술을 안 마시든

지 마시고 불쾌감과 고통을 감수하든지 해야 한다.

대개 마지막 음주 후 24시간이 지난 후부터 정기적으로 이 약물을 복용하는데, 부작용에 주의해서 투약하고 경과를 잘 관찰하여야 한다. 이때 치료자는 환자에게 이 약을 먹은 상태에서는, 혹은 약물을 끊은 후 2주 이내에는 술을 마시지 말라고 경고하고, 술을 마셨을 때 나타나는 신체적 불편을 미리 충분히 설명한다. 또한 약물 복용 기간에는 알코올이 함유된 음식물이나 심지어 화장수에 포함된 알코올 성분에도 신체 증상이 나타날 수 있음을 주지시켜야 한다.

이 방법이 완전한 금주 방법은 아니다. 안타부스로 알코올 장애를 치료하는 데 있어서 가장 중요한 것은 이런 약을 복용해서라도 술을 마시지 않고자 하는 알코올 장애 환자의 의지다. 아침에 일어나자마자 술을 마시고 싶은 생각이 들기 전에 안타부스를 복용하면 술을 마시고 싶은 충동이 줄어들고 술을 마시지 않을 수 있다. 그러나 이 타이밍을 놓치고 술을 마시고 싶다는 생각이 일단 생기면 대개 술을 마신다. 다시 말해, 생물학적인 수단만으로는 알코올 장애를 완전히 치료할 수 없다는 것이다.

4) 치료 단계와 회복

개인치료는 몇 단계를 거치면서 진행된다. 집단치료와 단주모임에서도 정해진 단계가 있지만 치료 단계는 개인치료에서 비교적 분명하게 나뉘어 있다.

첫 번째 단계1단계는 알코올 장애 환자가 '나는 술을 더 이상 마실 수 없어.'라고 느끼면서 치료하러 오는 상황을 말한다. 직장에서 해고되거나 배우자가 떠나려고 하는 경우, 또는 안타부스를 복용하는 경우와 같이 술을 끊게 만드는 외부적 압력이 작용할 경우, 이와 같은 상황이 된다. 알코올에 대한 환자의 태도와 술이 심각한 문제라는 사실을 부인하는 태도는 여전하다. 알코올 장애 환자는 자신이 필요해서 술을 마시지 않는 것이 아니라 다른 사람이 그렇게 하기 때문에 술을 마시지 않는다. 따라서 술에 의지하지 않고 직접적인 상담을 통해서 문제에 직면해야 한다.

때때로 치료 초기에 술을 끊은 환자들은 자신의 금주에 대해서 과도하게 자신감을 가지고 매우 의기양양해 하기도 한다. 이런 감정은 통제력 상실에 대한 반동 형성으로, 술을 마시지 않는 것뿐만 아니라 삶의 다른 측면에 대해서도 통제할 수 있다는 과도한 확신을 가지게 한다. 하지만 환자에게 이와 같은 부적절한 감정을 느끼는 것을 경고해야 한다. 술에 대한 환자의 태도에 근본적인 변화가 일어나지 않았기 때문에 이런 상태에서는 쉽게 다시 술을 마실 수 있기 때문이다.

이 상태에서 치료가 계속 진행되면 알코올 장애 환자들은 '나는 다시는 술을 마시지 않을 것이다.'라고 믿는 단계가 된다. 이 두 번째 단계2단계에서는 반복해서 술을 마시는 행동에 대한 내면적인 통제가 이루어지고 술을 마실 것인지 마시지 않을 것인지에 대한 심각한 의식적 갈등은 더 이상 일어나지 않는다. 이 단계에서는 술의 필요성과 술을 마심으로써 나타나는 결과에 대한 환자의 태도가 확실해진다. 즉, 술에 대한 환자의 태도가 상당히 변하게 된다. 술에 대한 갈등은 여전히 존재하지만 꿈과 공상, 무의식적 수준에서만 갈등의 존재를 확인할 수 있다.

이 단계는 단주모임에서 성공한 사람들이 도달하는 수준으로, 스트레스 상황에서는 안타부스를 단기간 사용하는 것을 고려할 수도 있다. 스트레스와 불쾌한 감정에 대한 대안적인 대처 기제를 개발하는 데 보다 주력해야 한다. 이 단계는 상당히 훌륭한 회복 단계를 나타내며 안정적이기도 하다. 수년간 술을 마시지 않다가 아주 가끔씩 술을 마시기도 하지만, 이전의 비현실적인 거대자기감은 보다 현실적인 통제감으로 변화된다. 단주모임 구성원일 경우에는 다른 알코올 장애 환자와의 작업이 거대자기의 욕구를 건설적으로 충족시키는 좋은 통

로가 된다. 이와 같은 수준의 단계에 도달하려면 적어도 6개
월에서 1년간의 심리치료가 이루어져야 한다.

치료의 세 번째 단계3단계는 알코올 장애 환자가 '술을 마실
필요가 없는' 단계다. 이 단계는 그 사람의 성격 문제와 갈등
에 대한 통찰을 통해서만 이루어질 수 있다. 과거에 알코올 장
애 환자가 습관적으로 술을 마셨던 것은 그 사람이 자신의 갈
등을 다루는 방식으로 이해될 수 있다. 통찰을 통해 갈등을 해
결하게 되면 자신의 내적 · 외적 문제에 대해서 보다 적응적인
대처 방식을 가질 수 있게 된다. 이 과정은 정신역동적 심리치
료와 자기이해를 통해 효과적으로 이루어질 수 있다.

알코올 장애 환자가 다시 술을 마시지 않는 한 세 번째 단계
는 매우 안정적이다. 이 단계에서는 금주 상태를 유지하는 것
이 상대적으로 쉽다. 이 단계에 도달하기 위해서는 두 번째 단
계에 도달한 후 1~2년 동안 치료를 받아야 한다.

두 번째 단계나 세 번째 단계에 도달한 후에 어떤 환자는
'나는 사회적 음주를 할 수 있다.'고 믿게 되기도 한다. 아마도
소수에게는 가능할지도 모르지만, 현재로서는 어떤 환자가
그렇게 적당한 사회적 음주를 할 수 있는지 예측하는 것은 불
가능하다. 치료의 초기 단계에서는 모든 알코올 장애 환자가
자신이 술 마시는 것을 통제할 수 있다고 믿는 반면에, 회복
상태2단계나 3단계에 도달한 알코올 장애 환자는 대부분 위험 부

담이 있기 때문에 사회적 음주를 다시 시작하려고 하지 않는
다. 현재로서는 모든 알코올 장애 환자의 치료에 있어서 술을
마시지 않는 것이 치료의 목표가 되어야 하는 것으로 보인다.
인생에서 술이 반드시 필요한 것은 아니며 술을 마시지 않고
도 살 수 있다는 사실은 알코올 장애 환자가 회복 과정 동안에
경험하는 태도 변화의 일부분이기도 하다.

　알코올 장애 환자의 치료를 언제 종결할 것인가 하는 것은
매우 중요한 문제다. 치료 과정이 성공적이었다면 알코올 장
애 환자는 치료자와 의존적이고 신뢰로운 관계를 구축할 것이
다. 따라서 치료를 종결하는 것은 환자에게 불안을 불러일으
켜서 다시 술을 마시게 할 가능성이 있다. 치료 종결은 환자와
치료자 양측의 동의하에 이루어져야 하고 종결 날짜를 미리
결정해야 한다. 치료의 후반부에서는 치료 종결 문제를 반드
시 미리 다루어야 한다.

　2단계나 3단계가 되면 치료자와 환자 모두 술 마시는 것을
통제하는 데 있어서 상대적으로 안정적인 단계가 되기 때문에
치료를 종결할 수도 있다. 그러나 2단계에서는 우선 술을 마
시는 문제와 관련된 심리적 갈등을 통찰하고 3단계로 가는 것
이 환자에게 중요한 것인가 하는 문제에 대해서 결정해야 한
다. 이는 환자가 결정해야 한다. 3단계에서는 좀 더 전통적 의
미에서의 심리치료가 필요하다.

환자가 2단계에서 종결하든 3단계에서 종결하든 간에 치료 장면으로 돌아올 수 있는 길은 항상 열려 있어야 한다. 2단계에서 치료를 그만두고 나서 어느 정도 시간이 지나 술을 마시지 않는 것이 자신의 감정과 갈등을 다루는 데 도움이 되지 않는다고 생각한 환자가 자신의 성격적 갈등에 대한 통찰을 얻기 위해 다시 치료를 받으러 올 수 있다. 2단계에서 종결한 환자가 다시 술을 마시게 되고, 다시 치료를 받으러 오게 되는 것도 충분히 있을 수 있는 일이다.

그러나 이렇게 다시 술을 마시는 것은 치료가 실패한 것이 아니라 아직 재활 과정이 완결되지 않은 것이라고 보아야 할 것이다. 2단계나 3단계에서 술을 마시는 사람들은 자기 자신의 문제를 잘 알고 있고, 또 비교적 빠르게 통제력을 회복할 수 있기 때문에 일반적으로 다시 무절제한 음주로 빠지지는 않는다. 술을 다시 마시는 것은 갈등과 불안에 대한 심리적 부적응으로 볼 수 있으며, 이와 같이 술을 다시 마시는 것을 분석함으로써 자신의 술을 마시고자 하는 욕구를 더 잘 이해할 수 있게 된다.

알코올 장애 환자에 대한 개인치료는 환자가 성취 가능한 수준으로 향상하도록 돕는 목표지향적 접근으로, 복잡하고 정돈되지 않은 치료 과정의 틀을 잡아준다. 치료에 가족을 포함시킬 것인가, 디설피람을 사용할 것인가, 단주모임에 참가할 것인가, 직면 기법을 사용할 것인가, 치료를 종결할 것인가 등과 같은 복잡한 치료적 결정은 이와 같이 치료 과정에서 예상할 수 있는 단계와 관련지어서 생각해 볼 수 있다. 환자의 현재 치료 단계에 대한 지식에 기초해서 치료적 개입의 결과 또는 개입의 부족 등에 대한 예상을 할 수 있다. 따라서 이와 같은 지식을 바탕으로 알코올 장애 환자들에 대한 복잡한 심리치료적 과정을 이끌어 나갈 수 있으며, 앞으로 진행될 과정에 대한 예상이 어느 정도 가능하다. 개인치료를 통해 이러한 이해와 예상을 보다 쉽게 할 수 있다.

5) 개인치료의 기법

여기서는 각 치료 단계에서 사용되는 기법을 중점적으로 살펴보고자 한다. 치료의 초기 단계에서 기본적인 것은 술을 더 이상 못 마시게 하는 치료적 개입이다. 치료의 목적이 술을 끊는 것이라는 점을 치료적 계약 시 분명히 해야 한다. 초기 단계에 있는 환자들은 이러한 목적에 대부분 마지못해 동의하며, 동의한다 하더라도 다시 술을 마시는 일이 일어날 수 있다. 치료자는 환자를 이런 행동에 직면시켜야 하며, 환자 자신이 스스로의 의지로 충동적인 음주를 통제하지 못한다는 것을 깨닫도록 해야 한다. 만일 이 시기에 환자가 디설피람을 거부한다면 다음과 같은 계약을 맺어야 한다. "환자가 술을 마시지 않는 상태를 계속 유지한다면 문제될 것이 없다. 그러나 한 번이라도 술을 마신다면, 무조건 디설피람을 사용하여야 한다."

치료자는 환자에게 단주모임에 참가하도록 격려해서 자신과 같은 처지에 있는 사람들과 함께 편안함을 느낄 수 있도록 도와주어야 한다. 단주모임이 주는 메시지와 환경은 매우 단순하지만, 집단에의 소속감은 아주 중요하다. 일부는 단주모임 없이도 회복되지만, 알코올 장애 환자들은 대부분 동료들로부터의 지지, 알코올 장애에 대한 교육, 자신의 회복을 확인할 수 있는 기회, 그리고 '술 권하는 사회'에서 어떻게 술을 마시지 않고 살아나갈 것인지에 대한 교육을 받는 것이 많은 도움이 된다.

치료자는 치료 초기에 가족과 관계를 맺어야 하며, 환자의 가족에게 알코올 장애 환자의 가족들의 모임인 알아넌Al-Anon에 참가하도록 권유해야 한다. 이를 통해 환자들이 술을 계속 마시게끔 본의 아니게 '도와주는' 행동에 대해 알아야 하고, 알코올 장애 환자를 지지하고 그들에게 관심을 보여줘서 금주를 격려하며, 술 마시는 것을 용납하지 않도록 해야 한다.

치료의 초기 단계에서는 알코올 장애 환자에게 발판을 마련해주어야 한다. 건물을 짓는 데 있어서 발판이라고 하는 것은 건물을 짓는 방법에 대해서 구체적으로 가르쳐 주는 것이 아니라, 인부들로 하여금 건물을 바깥의 새로운 각도에서 바라보고 내부를 고치도록 하는 것이다. 변화는 바깥에서 안으로 일어난다. 알코올 장애에 있어서 발판은 치료자, 가족, 단주모임 참여, 디설피람 사용 등으로 구성된다.

치료 초기의 언어적 상호작용은 치료자가 지시와 안내를 하고 인지적 제안을 함으로써 환자가 알코올에 의지하지 않고 불쾌한 감정, 갈등, 문제, 스트레스를 다루도록 돕는 것이다. 인지행동적 제안에는 환자에게 과거에 술을 마시는 것을 촉발했던 상황, 대인관계, 장소를 피하도록 하는 것이 포함된다. 이런 촉발요인은 개개인마다 매우 다르므로 치료자는 환자 각각의 독특한 음주 촉발요인을 알아야 한다. 이와 같은 회피행동은 치료 초기에 매우 유용하지만, 나중 단계로 갈수록 환자는 더 나은 대처 기술을 개발하고 알코올 욕구에 대한 태도가 변화하면서 회피행동도 변하게 된다. 인지행동 접근 외에 불안과 스트레스 감소 기법도 치료 초기에 사용할 수 있으며, 약물치료, 자기최면, 바이오피드백, 긴장이완 기법 등을 사용할 수도 있다.

알코올 장애에 대한 혐오치료는 행동치료의 일종으로, 알코올 장애 환자들이 술과 관련되는 행동을 하면 전기충격을 가하거나 메스꺼움을 일으키는 약물을 투여하여 기분 나쁜 혐오적인 상태가 되도록 만든다. 이 과정을 계속 반복함으로써 이 둘 간에 특정한 연결고리가 생겨 술과 관련되는 행동을 할 때마다 기분이 좋지 않게 되도록 만듦으로써 술과 관련되는 행동을 없앤다.

원래 혐오치료는 단독으로 사용되었지만 요즘에는 결혼 문제, 사회 상황에서 느끼는 두려움, 문제 음주 등과 같이 환자의 특정한 생활환경과 연결지어서 알코올 장애 환자를 치료하는 광범위한 치료 프로그램의 일부로 사용되는 것이 일반적이다.

행동치료가 알코올 장애에 적절한 몇 가지 이유가 있다. 우선 알코올 장애의 발달에 있어서 학습이 중요한 역할을 한다. 또한 알코올 장애 환자가 보이는 문제행동에 대한 구체적인 행동접근이 필요하다. 그리고 이들이 엄청나게 술을 마시는 행동과, 그와 연관된 행동의 과잉 또는 결핍 등에 행동치료를 적용할 수 있다. 그러나 이러한 행동치료가 다른 치료들보다 우월한 치료 효과를 보인다는 증거는 없다.

치료 초기에 치료의 '발판'을 세우는 주된 목적은, 앞서 언급한 것처럼 환자가 알코올 문제를 받아들이고, 술을 마시지 않고 자신의 삶과 문제들에 대처해 나가는 법을 배우도록 하는 것이다. 어떤 환자의 경우에는 알코올의 마취 효과가 사라지면서 예전에는 드러나지 않았던 문제들이 좀 더 뚜렷해지고 더 고통스러워지기도 한다. 이 단계에서는 환자들에게 술을 마시지 않는 것만이 그들의 문제를 성공적으로 다룰 수 있게 해 준다는 것을 인식하도록 도와야 한다.

어떤 환자에게는 초기에 금주에 성공하는 것이 단주모임에서 '장밋빛 구름'이라고 부르는 행복감과 전지전능한omnipotence 감정을 불러일으킨다. 술을 성공적으로 끊는 것은 그들이 모든 것을 할 수 있음을 의미하는 것처럼 보일 수 있다. 그러나 치료자는 환자가 자신의 한계와 가능성을 인식하도록 도와줌으로써 이러한 반동형성이라는 방어에 대해 자세하게 설명해 주어야 한다. 이 단계에서 환자가 보이는 방어와 전이를 회복으로 해석하면 안 되지만, 회복 과정에 이러한 것들을 치료적으로 사용할 수 있다. 단주모임에 참여하고 다른 사람들을 도와주는 것으로 전지전능한 감정을 승화시키는 것이 한 예가 될 수 있을 것이다.

술 마시는 것에 대해서 적극적인 개입을 하고 환자가 술을 마시지 않고 자신의 문제를 조절해 나가도록 돕는 치료의 초기 단계가 안정되려면 6개월에서 1년이 걸린다. 술을 마시는 것에 대한 외적인 갈등이 내면화되면, 알코올 장애 환자는 '나는 술을 마시지 않을 거야.'라는 믿음을 가지고 치료의 다음 단계로 들어서게 된다.

회복의 두 번째 단계에서는 환자가 좀 더 독립적이 되도록 치료적 노력을 기울여야 한다. 환자가 심한 스트레스를 받고 있다면 간간이 디설피람을 사용할 수 있다. 즉, 환자의 외부적·내부적 요소로 인해 환자 자신의 술 마시는 충동에 대한 통제력이 위협받을 때는 디설피람을 사용할 수 있도록 해야 한다.

단주모임에 계속 참여하는 것이 좋지만, 이 단계에 오면 매일 참여하기보다는 일주일에 2~3일 정도로 횟수를 줄여 참여하는 것이 좋다. 단주모임에서 환자가 술을 마시지 않기로 한 결심을 강화하기 위해 그러한 결심과 실천사항을 적극적으로 말하도록 격려해 준다.

지지적인 치료적 접근이 물론 필요하지만, 여기서 치료의 초점은 술을 마시도록 하는 행동과 감정을 변화시키는 데 있다. 따라서 분노나 통제 욕구와 같은 감정을 다루는 문제를 중점적으로 논의해야 한다. 행동과 감정에 대해서 해석을 할 수 있지만 아직 환자를 직면시키거나 환자의 전이를 해석하는 것은 피해야 한다.

환자가 다른 사람의 감정을 공감할 수 있도록 도와주는 것은 환자의 자기중심성을 줄이고 자신의 한계뿐 아니라 다른 사람의 한계도 인정할 수 있게 해 준다. 더 불안해질 수도 있지만, 환자는 술 마시는 충동에 대한 통제력이 안정적으로 내재화되었으므로 대개 술을 마시지 않고도 이에 대처할 수 있다.

1년에서 1년 반 정도 걸리는 이 두 번째 단계를 거치고 나면 알코올 장애 환자는 일반적으로 술 마시는 충동에 대한 통제력이 잘 내재화된다. 이는 대부분의 단주모임 구성원이 도달하는 단계다. 이들은 의존 갈등이나 심각한 대인관계 문제 혹은 깊숙한 분노 감정의 심리적 근원에 대한 통찰력은 없지만 훌륭한 금주자가 된 것이다.

심한 불안, 우울증, 심각한 성격 문제가 있는 사람은 '나는 술을 마실 필요가 없어.'를 목표로 하는 회복의 세 번째 단계로 가는 것이 좋다. 이 단계는 장기간을 요하며, 갈등 해결을 통해 더 좋은 결과를 얻을 수 있다. 이 단계에서는 직면과 재구조화에 치료의 초점을 두며, 덜 지지적이고 덜 인지적이다. 치료자가 보다 수동적이고 분석적이 되어 갈수록 전이 문제가 일어나게 되고, 이 시기에서 전이를 해석해야 하기 때문에 세 번째 단계로의 이동은 점차적으로 일어나야 한다. 꿈과 공상이 한층 더 중요하게 인식되며, 어린 시절의 기억과 감정이 과거와 현재의 행동과 감정에 관련되어 있으므로 이를 잘 검토해야 한다. 따라서 보다 전형적인 정신역동적 접근이 사용된다. 이 단계는 보통 1~2년 정도의 시간이 걸린다.

회복의 두 번째와 세 번째 단계에서 술 마시는 행동이 나타날 수 있지만, 이는 일시적인 것이며 심각한 결과를 가져오지는 않는다. 두 번째 단계에서 술 마시는 행동을 보인다면 술을 마시게 만든 단서 문제와 통제 문제를 다시 검토해야 한다. 세 번째 단계라면 갈등 해결과 함께 음주 충동에 대한 통찰 및 통제를 위해 술 마시는 행동에서 무의식적 갈등의 역할을 탐색해야 한다.

환자가 술 마시는 행동에 대한 통제력을 잘 내재화하고 기능에서 상당한 향상을 보였다는 것을 치료자와 환자 모두 인정한다면, 두 번째 단계나 세 번째 단계에서 언제든지 성공적인 치료 종결을 할 수 있다. 알코올 장애는 평생 지속되며, 완치되는 사람이 드물기 때문에 다시 치료를 받으러 올 수 있는 문은 항상 열려 있다. 단주모임에 참여하고 있는 사람의 경우 계속 참여하도록 격려하고, 단주모임에 참여하지 않는 사람은 성공적인 회복의 역할 모델을 보여 주고 다시 치료를 시도하도록 격려해야 한다.

6) 전이와 역전이

전이관계는 집단치료에서보다 개인치료에서 더 강하게 형성된다. 대개 의존 욕구에 기초를 두고 있지만 이런 의존 욕구는 이전에 거부당했던 경험에 바탕을 둔 불신과 적개심이 같이 존재하기 때문에 양가적이다. 알코올 장애 환자는 치료 초기에 술을 마심으로써 치료적 관계를 시험하려고 하기도 한다. 이때 여기에 어떤 판단을 내리거나 처벌하는 방식으로 다루지 않고 이를 이해하는 쪽으로 접근하면 전이는 의존적인

관계로 가게 된다. 의존적인 전이에서 환자는 치료자의 지시
와 제안을 더 잘 받아들인다.

　때로 수개월간 술을 마시지 않은 상태가 된 후에도 환자는
양가감정을 보인다. 이런 때에도 치료자는 여전히 지지적이고
무비판적인 태도를 유지해야 하며, 전이 반응이 아니라 통제
력이 확고하게 세워지지 않은 데 대한 반응으로서 이런 사건
을 탐색해야 한다. 따라서 치료 초기에는 직면 기법과 전이에
대한 해석보다는 인지적 접근을 사용해야 한다.

　지지적이고 무비판적이며 비처벌적인 치료 관계는 알렉산
더(Alexander, 1946)가 말한 '교정적 정서 경험'을 일으킬 것
이고, 따라서 장기간 술을 마시지 않는 상태를 유지할 수 있을
것이다. 1년에서 1년 반 정도 술을 마시지 않는 상태가 확립된
후에는 전이관계를 치료의 세 번째 단계에서 사용되는 직면적
기법의 일부분으로 생각할 수 있다. 세 번째 단계로 가는 것은
치료자와 환자 상호 동의가 있어야 한다. 그리고 두 번째 단계
에서 세 번째 단계로 이동하는 것은 지지에서 직면으로 갑작
스럽게 이동하는 것보다는 수주에 걸쳐서 천천히 이루어져야
한다.

　역전이는 치료자가 환자를 자신의 삶에서 개인적으로 중요
한 사람인 것처럼 인식하는 치료자의 반응 혹은 치료자가 자
신의 감정, 욕구, 자아상과 관련지어서 보이는 환자의 행동에

대한 반응을 말한다. 치료 초기에 환자가 술을 마시고 나중에 또 술을 마시면 치료자는 성공적인 치료에 대한 자신의 욕구가 충족되지 못했기 때문에 좌절감을 느끼고 화가 날 수 있다. 치료자가 이렇게 좌절하고 화를 내는 것은 아주 일반적인 현상이며, 치료자가 알코올 장애 환자를 치료하지 않으려고 하는 주된 원인이기도 하다.

실제로 치료자는 환자가 술을 끊도록 강제하거나 통제하거나 유인할 수 없다. 단지 환자가 스스로 술을 마시지 않도록 도울 수 있을 뿐이다. 오직 환자 자신만이 치료자의 지시와 도움을 받아서 술을 끊는 것을 마음먹을 수 있다. 알코올 장애 환자를 치료하는 모든 치료자는 자신의 한계와 알코올 장애 환자를 피하고 싶은 마음, 그리고 다른 심리적 반응을 인식하는 자세를 가져야 한다.

치료의 초기에서는 치료자가 환자에 대한 역할 모델로서 감정과 문제에 대한 자신의 반응을 말할 수 있지만, 부정적인 역전이 반응을 말해서는 안 된다. 그러나 세 번째 단계에서는 치료자의 반응을 사용해서 해석하는 것이 적절하며 또 도움이 된다.

알코올 장애 환자를 치료하는 것은 매우 가치 있는 일이다. 성공하기도 하지만 실패도 많다. 장기간 술을 마시지 않고 삶의 다른 측면에서도 향상을 보일 수 있을지는 치료 초기에 미리 알 수 없다. 그러나 앞서 기술한 바와 같은 일관성 있는 치료적 접근을 한다면 결국 환자 자신이 성공적인 치료의 열쇠가 될 것이다.

7) 음주 통제 모델

알코올 장애를 치료한다는 것이 어떤 상태를 말하는지는 많은 논쟁을 불러일으킨 주제다. 일반적으로 생각해 보면 알코올 장애의 치료는 술을 전혀 마시지 않는 것이지만, 이는 실제로 실현되기 어렵다. 그렇다면 술을 마시되 적절하게 스스로 조절하면서 마실 수 있는 상태를 알코올 장애가 치료된 상태라고 볼 수 있을까?

알코올 장애 환자를 치료하는 데 있어서 치료의 목표를 어디에 두는지에 따라 두 가지 모델로 나눌 수 있다. 금주 모델은 알코올 장애가 치료된 상태는 술을 전혀 마시지 않는 상태라고 보는 것이고, 음주 통제 모델controlled drinking model은 술을 마시기는 하지만 적당한 상태에서 자신이 양을 조절할 수 있으면 알코올 장애가 치료되었다고 보는 모델이다.

많은 연구에서, '금주'를 목적으로 치료를 받은 알코올 장애 환자들보다는 '큰 문제를 일으키지 않고 술을 마시는 것'을 목적으로 치료를 받은 알코올 장애 환자들이 치료에서 더 좋은 결과를 보였다.

1976년 RAND 보고서에서는 44개의 치료센터에서 치료를 받은 1만 5천 명의 알코올 장애 환자를 조사했는데, 이 중 상당수가 큰 문제를 일으키지 않는 정도에서 적당히 술을 마시고 있는 것으로 나타났다. 14년 뒤인 1980년부터 1984년까지 4년에 걸쳐서 이들을 다시 추적 연구한 보고서의 결과를 보면, 1976년 당시 어느 정도 술을 마시던 알코올 장애 환자들의 약 1/5이 여전히 별다른 문제를 일으키지 않는 수준에서 술을 마시고 있었으며, 이런 사람들이 완전히 술을 끊은 사람들보다도 알코올 장애 재발률이 더 낮은 것으로 나타났다. 또한 이들이 술을 완전히 끊은 사람들보다 정신장애를 일으킬 가능성이 더 낮은 것으로 밝혀졌다. 이처럼 RAND 보고서는 음주 통제 모델을 강력하게 지지하는 결과를 보였지만, 한편 방법론적으로나 개념적으로는 여러 가지 약점을 안고 있기 때문에 많은 비판의 대상이 되기도 하였다.

베일런트Vaillant는 금주 모델에 따른 치료를 받은 알코올 장애 환자와 음주 통제 모델에 따른 치료를 받은 알코올 장애 환자를 추적 연구하는 2개의 종단 연구를 했다. 연구 결과 큰 문제를 일으키지 않으면서 술을 마시는 사람들이 완전히 술을 끊은 사람들보다 신체적·사회적·심리적 문제와 더 많이 관련되어 있다는 결과를 얻었다. 그러므로 어느 모델이 더 옳은가 하는 것은 아직 명확하게 밝혀지지 않은 상태다.

음주 통제 치료의 목표는 스스로 음주를 통제할 수 있는 기술을 가르치고, 적당한 정도로 술을 마실 수 있도록 가르치는 것이다. 많은 주목을 받은 기법 중 하나가 혈중 알코올 변별 훈련blood-alcohol discrimination training이다. 알코올 장애 환자들은 외적 단서1시간당 마시는 술의 양와 내적 단서술이 신체에 미치는 생리적 효과를 파악해서 자신의 알코올 수준을 변별하는 것을 학습한다. 어떤 연구자는 혈중 알코올 농도의 상한선을 설정하고, 이를 초과할 때 알코올 장애 환자에게 전기충격을 주는 방법을 사용하기도 하였다. 이렇게 자신의 혈중 알코올 수준을 변별하도록 학습한 알코올 장애 환자들은 언제 술을 그만 마셔야 하는지를 알게 된다.

음주 통제 치료 프로그램에는 이 외에도 여러 가지 다른 기법이 있다. 알코올 장애 환자들은 술을 많이 마시게 되는 상황에서 자신이 원래 해 오던 방식과는 다르게 반응하는 방법들을 배운다. 이런 방법들에는 술을 마시지 않겠다는 의사를 분명하게 밝힐 수 있도록 하는 자기주장, 행동적 자기분석, 긴장 이완 훈련, 스트레스 관리 훈련, 자기관리 훈련, 바이오피드백, 명상 등이 있다. 또한 한 번 술을 마셨다고 해서 이것이 완전히 알코올 장애가 다시 재발하였다는 것을 의미하는 것은 아니며, 그것을 학습 경험으로 생각하는 방법을 배운다.

스트레스 관리 프로그램은 스트레스를 줄이기 위해서 술을 마신다는 긴장 감소 가설에 기초한 프로그램이다. 이 가설에 따르면 사람들은 스트레스를 받을 때, 즉 지나치게 긴장하게 되는 상황 혹은 화가 나는 상황에서 이를 제대로 처리하지 못하거나 다른 사람의 요구 및 부탁을 거절하지 못하는 등 여러 스트레스 요인으로 인해 술을 마심으로써 스트레스를 회피하는 대처 방식을 사용한다. 술 마시는 것을 통제하려면 과도한 음주를 유발하는 상황을 미리 예상하고 이에 대처할 수 있도록 하는 것이 중요하다.

스트레스 관리 프로그램에서는 우선 직업, 가족, 대인관계 등의 장면 가운데 어디에서 언제 누구에게 스트레스를 받는지를 조사한다. 그리고 이런 스트레스 유발 상황에서 술을 마시는 것보다 효과적으로 대처할 수 있도록 교육한다. 대처 기술에는 긴장이완의 방법으로 근육이완 훈련을 시키고, 바이오 피드백이나 명상을 시키며, 분노를 공격적이지 않은 방식으로 표현하고, 원하지 않는 부탁에 대해서 적절하게 거절하는 법 등이 포함된다.

장기간의 관찰에 따르면, 음주 통제는 만성 알코올 장애 환자에게는 매우 위험하며 재발의 가능성도 높다고 한다. 음주 통제가 어느 정도로 유용한가에 대한 논쟁이 계속되고 있는 가운데, 요즘에는 음주 통제 치료를 실시하는 경우가 매우 드물다. 만성 알코올 장애 환자들이 음주 통제를 할 수 있도록 교육하는 치료 프로그램은 아직 개발되지 않았으며, 이들은 술을 완전히 끊도록 하는 것이 보다 확실한 치료법이 될 것으로 보인다.

적절하게 술을 마실 수 있게 하는 치료적 방법을 실제로 사용할 수 있다면 음주 통제는 알코올 장애 환자들에게 좀 더 현실적인 목표를 세워 주는 현실적인 치료가 될 수 있다. 음주 통제를 목표로 하는 치료는 미국보다는 캐나다나 유럽에서 더 많이 사용하고 있다.

8) 수용 및 마음챙김 모델

최근 제3세대 인지행동치료 동향은 다양한 치료를 받았음에도 반복적인 재발을 보인 사람들에게 효과적인 접근법을 제시한다. 이 중 수용 전념 치료acceptance & commitment therapy: ACT와 마음챙김에 기반한 인지치료mindfulness based cognitive therapy: MBCT 모델은 문제적인 사고와 감정 자체를 수정하려는 시도보다는, 문제행동 이면에 있는 감정들을 회피하지 않고 있는 그대로 경험하는 것에 초점을 맞춘다. 수용이란 있는 그대로 기꺼이 경험하고 받아들이는 것을 말하며, 마음챙김이란 비판단적으로 자신의 내적 경험들을 인식하고 알아차리는 것을 말한다. 수용 및 마음챙김 모델에서 인간의 심리적 고통은 널리 편재하고, 정상적이라는 가정으로부터 출발하며, 고통스러운 경험을 회피하려는 시도예: 음주행동가 오히려 경험의 증폭이나 개인적 손실을 초래하게 된다고 본다.

알코올 의존 환자를 대상으로 수용 전념 치료를 시행한 연구들을 살펴보면, 단주와 삶의 질에서의 개선을 보였고, 경험회피 수준을 낮추는 것으로 나타났다. 수용전념치료ACT에서는 알코올 의존자들이 스스로 변화시킬 수 없는 것은 수용하고예: 음주 충동, 변화시킬 수 있는 것은 확인하도록 도모한다. 즉, 참여자들에게 내적 사건 그리고 환경의 통제 불가능한 측면을 통제하려는 방법을 가르치도록 시도하는 것보다는, 그들에게 사적으로 중요한 삶의 영역에서의 가치를 찾고, 변화가능한 행동이나 환경을 통제하는 것에 초점을 맞춘다.

마음챙김 명상을 통해 조절력과 관련된 대뇌 전두엽 부위가 활성화된다는 연구 결과들이 제시되면서, 마음챙김 명상을 알코올 장애 및 물질 남용 문제에 적용한 치료 결과들이 보고되고 있다. 마음챙김을 통해 자기조절력이 증가될 뿐 아니라, 자신을 있는 그대로 수용하고 바라볼 수 있는 힘이 길러진다는 면에서 알코올 장애 환자들의 자기효능감 향상에도 긍정적인 영향을 미칠 수 있다. 마음챙김을 적용한 국내 연구에서도 이와 같은 효과들이 입증되어왔는데, 문제 음주자들의 심리적 안녕감 측면에서 자율성을 향상시키고, 음주문제 상태를 인식하는 데 긍정적인 영향을 미쳤으며, 금주 자기효능감을 향상시키는 데도 효과를 보인 것으로 나타났다. ◆

2. 자조집단: 단주친목

단주친목alcoholics anonymous: AA[1]은 가장 널리 알려진 알코올 장애 치료 방법으로 1935년에 빌Bill과 밥Bob이라는 이름으로 알려진 두 명의 알코올 장애 환자가 만나서 알코올 장애에 대한 약물치료와 도덕적 낙인이 없는 치료 환경의 형성에 대한 논의를 하면서 시작되었다.

단주친목은 지금까지 정부기관이나 자선사업단체와는 독립적으로 활동해 오고 있다. 서구에서는 약 2만 개에 달하는 자발적인 단주친목 집단이 있으며, 미국에만도 30만 명의 단주친목 구성원이 활동하고 있다. 그러나 미국의 알코올 장애 환자가 500만 명에 달한다는 사실을 고려해 보면, 이는 그다지 큰 비율은 아니라고 할 수 있다.

---

1 한국지부: 02-774-3797, http://www.aakorea.org

단주친목집단은 자주 정기모임을 갖는다. 모임 진행을 보면, 먼저 모임의 신입회원이 일어나서 자신이 알코올 장애를 가지고 있음을 말하고 자신의 알코올 장애에 대한 얘기를 한다. 그러면 다른 구성원들도 한 명씩 자신의 알코올 장애와 관련된 이야기와 어떻게 알코올 장애를 극복했는지 등을 이야기한다.

단주친목은 심정적인 지지, 이해, 자세한 상담과 함께 알코올 장애를 가진 사람들이 사회에서 고립되지 않고 사회와 연결되는 환경이 되어 줄 수 있다. 이 집단에서는 알코올 장애를 일종의 질병으로 보고, 술을 완전히 마시지 않을 때 치료된 것으로 본다. 또한 알코올 장애 환자가 일단 술을 마시면 이를 스스로 통제할 수 없다고 보기 때문에 술을 한 잔도 마시지 않도록 하기 위해서 주위 사람들이 끊임없이 감시하고 일깨워 주고 체크하는 것이 필요하다고 본다.

단주친목은 종교, 특히 기독교와 많은 관련을 맺고 있으며 비슷한 면도 많다. 기독교에 10계명이 있는 것처럼 단주친목에도 일종의 '12계명'이 있다. 단주친목의 12계명에는 지난 시절의 죄를 고백하고 술을 끊기 위해 자신보다 더 강력한 존재에 자신을 의탁하려는 노력, 술을 끊는 결정을 내림으로써 자신의 죄를 씻으려는 성실한 노력, 자신이 술을 마심으로써 고통받았던 사람들에게 보상을 해야 한다는 신념의 필요성 등을 강조한다.

단주친목 외에도 단주친목과 비슷한 성격을 가진 알코올 장애 환자 가족들의 모임인 알아넌Al-Anon[2] 집단, 알코올 장애 환자 자녀의 모임인 알라틴Alateen 등의 모임이 있다.

단주친목은 단체의 독립성, 종교적인 힘을 바탕으로 한 신뢰성, 알코올 장애 환자들을 도우려는 한결같은 마음 등 여러 가지 긍정적인 면을 가지고 있다. 많은 알코올 장애 환자에게 단주친목에 따른 심리적 변화, 모임에 정기적으로 참여하는 것, 술을 마시지 않으려고 노력하는 것 자체도 충분한 치료가 될 수 있다. 단주친목에 가장 적합한 사람들은 자신이 술 마시는 것을 스스로 통제할 수 없으며, 따라서 '자신보다 더 강력하고 강제적인 힘'을 필요로 함을 인정하고 다른 정신과적 질병이 없는 사람들이다.

이런 긍정적 효과에도 단주친목의 실질적인 치료 효과를 평가하기란 매우 어렵다. 단주친목의 효율성이나 치료 효과에 대한 엄격한 연구가 거의 없기 때문에 단주친목이 다른 치료 기법들에 비해서 얼마나 효과가 있는지를 확실하게 알 수 없는 것이다. 또한 중도탈락률이 높으며, 단주친목 모임을 거쳐 간 알코올 장애 환자에 대한 장기간의 추적 연구도 이루어져

---

2 한국알아넌연합회: 02-752-1808, http://www.alanonkorea.or.kr

단주친목(AA)의 12계명

1. 우리는 알코올에 무력했으며 스스로 생활을 이끌어나갈 수 없게 되었다는 것을 깨닫고 시인했다.
2. 우리보다 위대한 '힘'이 우리를 건전한 정신으로 돌아오게 해 줄 수 있다는 것을 믿게 되었다.
3. 우리가 이해하게 된 대로, 그 신의 보살핌에 우리의 의지와 생명을 완전히 맡기기로 결정했다.
4. 철저하고 용기 있게 우리의 도덕적 생활을 검토했다.
5. 솔직하고 정확하게 잘못을 신과 자신에게 시인했다.
6. 신께서 우리의 이러한 모든 성격상 약점을 제거해 주도록 완전히 준비했다.
7. 겸손한 마음으로 신께서 우리의 약점을 없애 주기를 간청했다.
8. 우리가 해를 끼친 모든 사람의 명단을 만들어서 그들에게 기꺼이 보상할 용의를 갖게 되었다.
9. 어느 누구에게도 해가 되지 않는 한, 할 수 있는 데까지 어디서나 그들에게 직접 보상했다.
10. 계속해서 자신을 반성하여 잘못이 있을 때마다 즉시 시인했다.
11. 기도와 명상을 통해서 우리가 이해하게 된 대로의 신과 의식적인 접촉을 많이 하려고 노력했다. 그리고 우리를 위한 그의 뜻을 알도록, 그리고 그것을 이행할 수 있는 힘을 주시도록 간청했다.
12. 이러한 단계로서 생활해 본 결과 우리는 영적으로 각성되었고, 알코올 중독자들에게 이 메시지를 전하려고 노력했으며, 우리 생활의 모든 면에서도 이러한 원칙을 실천하려고 했다.

있지 않다. 단주친목 모임에서 중도에 탈락하게 되는 데에는 집단 앞에서 자신의 알코올 장애에 대해 말해야 한다는 사실에 대한 당혹감과 어떤 강력한 신적 존재의 힘 안에 들어가는 것에 대한 거부감이 크게 작용하는 것으로 보인다. 그러나 이런 약점에도 불구하고 그 규모와 강력한 치료 효과 등을 볼 때 현재까지 단주친목은 알코올 장애를 치료하는 데 있어서 매우 바람직한 방법으로 인식되고 있다.

과학적인 자료는 비록 부족하지만 임상 현장에서 경험하는 바에 따르면 알코올 장애에 대한 단주친목 접근은 매우 효과적이었다. 단주친목은 질병 모델에서 발전한 것이지만 심리학적인 관점을 가미했고, 성격의 구조적인 변화를 가능하게 한다. 단주친목에서는 알코올 장애 환자들이 자기와 같은 처지에 있는 사람들 속에서 보살핌과 걱정, 그리고 지지받는 느낌을 경험함으로써 술을 끊을 수 있도록 유도한다. 심리치료 과정에서 치료자가 내담자의 내면에 내재화되어 치료 효과를 보이듯이, 단주친목에서도 이렇게 보살펴 주는 사람들이 내재화될 수 있다. 즉, 이들은 정서적 조절, 충동 통제, 다른 여러 가지 자아 기능의 측면에서 알코올 장애 환자를 도울 수 있다. ◆

3. 가족치료

1) 알코올 장애의 가족 요인

예전에는 알코올 장애의 연구나 치료에서 가족은 거의 무시되었다. 지난 수십 년간 알코올 장애에서의 가족문제를 다룬 많은 연구가 가족 요인이 알코올 장애의 시작과 임상적 경과에 중요한 역할을 한다는 것을 밝혀 냈다. 알코올 장애의 발생과 경과에서의 가족의 역할뿐 아니라 치료에 가족치료 기법을 적용하는 것에도 많은 관심이 모아졌다. 알코올 장애에서 가족문제에 관심이 증가된 이유로는 다음 다섯 가지 요인을 생각해 볼 수 있다.

첫째, 한동안 전형적인 알코올 장애 환자는 집도 없고 가족도 없이 길거리에서 노숙하는 것으로 생각되어 왔지만, 현재는 대부분의 알코올 장애 환자가 가족과 집이 있는 보통 사람

3. 가족치료 ✳ **149**

이라고 인식되고 있다. 또한 만성적인 알코올 장애로 인한 가장 심각한 문제는 알코올 장애 환자가 겪는 신체적 후유증이기보다는 술 마시는 것이 부부생활과 가족관계에 미치는 악영향이다. 알코올 장애와 가정폭력 간에 강한 연관성이 있다는 증거가 늘고 있으며, 아동학대, 근친상간, 이혼율과도 강한 관련을 보이는 것으로 나타나고 있다. 이 모든 것이 가족 내에 알코올 장애 환자가 있어서 나타나는 결과다. 이들의 가족은 오랜 시간 만성 알코올 장애 환자의 스트레스를 다루는 전략을 개발하였으며, 따라서 알코올 장애 환자에 대한 가족의 반응 패턴 또한 알코올 장애가 만성화되게 만드는 요소로 작용할 가능성을 고려해야 한다.

둘째, 현재 연구 결과에서 적어도 알코올 장애의 몇몇 형태는 유전 요소로 인한 것이라는 사실이 밝혀졌지만, 알코올 장애에 대한 생물학적 모델은 전체 알코올 장애 환자의 절반도 설명하지 못한다. 따라서 알코올 장애가 부분적으로는 환경요인의 영향을 받는 것이 분명하며, 이러한 환경요인으로는 가족요인이 유력하다. 이 분야의 연구는 아직 초기 단계에 있지만 수많은 흥미로운 가설이 제기되고 있다. 예를 들어, 몇몇 연구자는 환경요인으로서 가족의 의식이 세대에 따라 알코올 장애 경험을 달라지게 하는 원인이 될 수 있다고 주장하였다.

셋째, 가족을 같이 상담하는 기법이 발전하고 상호작용 행동을 직접 관찰하는 등 가족 상호작용을 연구하는 방법이 발전함에 따라서 알코올 장애와 가족에 대한 수많은 새로운 연구 결과와 아이디어가 나오고 있다. 여기에는 알코올 장애의 가족 중심 유형론, 알코올 장애와 관련된 임상 연구 문제에 영향을 미치는 특정한 가족 환경 요인을 규명하는 것 등이 있다. 이와 같은 연구 결과들을 통해 알코올 장애에 대한 치료 프로그램에 가족을 대상으로 한 치료 개입을 통합시키는 방법이 논의되기 시작하였다.

넷째, 가족 중심 치료적 접근이 점점 더 많이 사용되고 이 접근의 효용성이 입증되면서 알코올 장애와 가족에 대한 보다 체계적인 연구 결과가 많이 나왔다. 또한 알코올 장애 환자의 가족에 대한 서비스 향상의 필요성이 커지면서, 가족 상담 기법을 습득하고 개인뿐만 아니라 가족에 대한 치료를 할 수 있는 알코올 장애 전문가의 필요성이 절실하게 요구되고 있다.

마지막으로, 가족을 알코올 장애의 원인으로 보는 입장에 변화가 일어나면서 알코올 장애에 대한 가족 중심 모델이 확장되었다. 최근 들어, 가족치료자들은 알코올 장애 환자의 가족에 대해 보다 덜 비판적인 입장을 취하기 시작하였으며, 가족 환경 요소를 알코올 장애의 원인적 요소로 보는 대신, 역기능적인 가족 행동을 알코올 장애 환자의 만성적인 음주가 가져 오는 스트레스에 대한 반응으로 보기 시작하였다. 이러한 새로운 시각이 널리 퍼지면서 '알코올 장애가 되기 쉬운 가족'의 개념은 더 이상 인정되지 않았다. 대부분의 가족 연구자와 임상가는 유전과 같은 소인 요소뿐 아니라 가족 환경도 알코올 장애의 임상 경과에 상당한 영향을 미치는 요인이라고 보는 알코올 장애의 다요인 모델을 받아들이고 있다. 이 모델은 가족 환경 요소의 변화를 포함하는 다중 치료 접근에 대한 이론적 근거가 되기도 한다. 결과적으로 포괄적인 알코올 장애 치료 프로그램의 필수 요소로 가족치료에 대한 관심이 증가하고 있다.

알코올 장애 치료에 가족을 포함시키는 데 있어서 이와 같은 연구중심적인 개념적 근거뿐만 아니라 임상적 근거도 축적되고 있다. 임상적 경험 자료는 가족이 치료에 같이 참여했을 때 치료에 대한 알코올 장애 환자의 반응이 더 좋음을 보여 준다특히 배우자가 치료 과정에 같이 참여할 때. 또한 가족치료 접근을 사용함으로써 알코올 장애 환자를 가족으로부터 고립시키던 과거의 치료 방식이 변화하고 있다. 그리고 가족이 치료에 함께 참여함으로써 성문제, 양육문제, 가정폭력과 같은 알코올 장애와 병행하는 문제들을 더 쉽게 밝힐 수 있으며, 보다 포괄적인 치료가 이루어질 수 있다.

그러나 치료자의 가족에 대한 관심이 증가하고 가족치료가 많은 치료 프로그램에 포함되고 있지만, 가족 요소를 치료에 포함시키는 방법에 대해서는 여전히 상당한 혼란이 있다. 예를 들면, 보통 치료 프로그램에서는 가족에게 약간의 교육을 시키고 알아넌 집단에 참여하도록 격려하는 것이 가족치료 요소다. 특히 가족치료 클리닉과 중독 프로그램이 서로 분리되어 있고, 각각 서로의 관점에 대해서 잘 알지 못하는 전문가들이 일하는 프로그램의 경우 더욱 그러하다. 이런 경우에는 일단 알코올 장애가 문제가 되는 것으로 판명되면, 알코올 장애 환자는 일반적으로 해독과 재활을 위해 중독 프로그램으로 보내진다.

2) 가족치료 모델

가족치료자들은 평가와 진단, 치료의 개입 시기에 대해서 가족 중심 관점을 제안해 왔다. 그 이론적 근거가 무엇이든 간에 가족 이론적인 입장에서 알코올 장애 환자를 치료하는 치료자들은 가족생활에 항상 영향을 미치는 4가지 조건을 알고 있어야 한다.

첫째, 알코올 장애는 만성적 특성을 갖는다. 알코올 장애 환자들은 대개 알코올 장애 문제가 병리적인 수준에 도달한지 한참 뒤에 치료자를 찾아온다. 알코올 장애 상황, 알코올 장애 환자, 나머지 가족 구성원 간의 관련성은 이미 굳어져 있는 상태다. 치료를 받으러 오게 만드는 촉발사건은 대개 이와 같은 안정된 상태를 잠시나마 흔들어 놓는 일로서, 음주운전으로 체포되거나 직장에서 해고될 위기에 처하는 등의 사건이다. 그러나 성공적인 치료가 되기 위해서는 이렇게 오랜 시간 굳어진 행동 패턴을 깨고 이를 극복해야 한다.

둘째, 알코올은 심리생물학적 약물이다. 알코올 장애 환자는 우울을 유발하면서 동시에 인지적·언어적 의사소통을 심각하게 손상시키는 심리생물학적 약물인 알코올을 장기간 복용해 왔기 때문에 전체적인 가족 행동 패턴도 여기에 맞추어 변화되어 왔다. 이런 패턴은 금방 분명하게 드러나지 않기 때문에 가족치료자는 치료의 초기에 이를 다루는 과제를 안게 된다.

셋째, 금주와 음주가 반복된다. 알코올 장애 환자 가족의 상호작용 행동을 직접 관찰해 보면, 매우 뚜렷한 2가지 상호작용 양상을 볼 수 있다. 하나는 알코올 장애 환자가 술을 마시지 않을 때 나타나고, 다른 하나는 알코올 장애 환자가 술에 취해 있을 때 나타난다. 따라서 그 가족이 보이는 이와 같은 이중적인 상호작용 스타일의 독특한 특징을 알 필요가 있다. 나아가 이런 가족이 보이는 행동을 평가하기 위해서는 술에 취했을 때의 상호작용에 대한 정보를 탐색하는 전략을 개발해야 한다.

넷째, 알코올 장애는 가족 내에서 대를 이어 전달된다. 특히 유전적 요인과 심리사회적 요인은 알코올 장애의 대를 잇는 데 매우 중요한 요소다. 가족치료자는 알코올 장애 환자가 현재 보이는 행동에 개입할 뿐만 아니라, 알코올 장애가 가족 내에서 이어지는 것을 막기 위해 가족에서의 아이의 욕구에도 주의를 기울여야 한다. 가족치료는 알코올 장애에 대한 다양한 심리학적 치료 중에서도 현재 알코올 장애 환자의 문제뿐만 아니라 아동이 향후 알코올 장애에 걸릴 위험성을 예방하는 문제를 다루는 유일한 치료 기법이다.

앞서 제시한 문제에 대해서 가족치료자들은 30년이 넘게 알코올 장애의 치료 전략 개발을 위한 수많은 개념적 모델을 사용해 왔다. 가장 유명한 것이 일반적인 체계 이론을 가족에 적용한 모델인 가족체계 접근이다. 여기에서는 행동체계로서 가족이 자신의 내적·외적 환경을 조절하는 방법과 시간이 지남에 따라 상호작용 행동이 변하는 양상을 중점적으로 연구한다. 구성주의 접근뿐 아니라 구조적·전략적 접근에서도 가족체계 이론을 이론적 배경으로 차용한다.

두 번째로 널리 사용되는 접근은 고전적인 조건형성 원리를 대인행동으로 확장시킨 가족 행동 모델이다. 상호작용 행동 패턴을 설명하기 위해 호혜성, 강요, 강화와 같은 개념을 적용한다.

세 번째 접근은 특히 스트레스와 대처 개념에 초점을 맞춘다. 가족이 스트레스 사건에 부딪쳤을 때 문제를 해결하는 능력을 돕거나 방해하는 요소를 이해하는 데 사회적 지지, 사회적 네트워크, 스트레스 생활사건과 같은 개념을 사용한다. 성공적인 심리교육적 가족치료 모델의 대다수가 사회적 지지 네트워크와 같은 가족 대처 스타일 및 자원 개념 등을 개념적 기초로 사용하고 있다.

알코올 장애에 대한 가족치료 접근이 다른 정신장애에 대한 가족치료보다 늦게 시작되었지만, 현재 앞서 제시한 개념적 접근들이 알코올 장애 치료에 적용되고 있다.

그러나 이러한 가족치료의 개념들이 알코올 장애에 대한 주된 흐름에 완전히 통합된 것은 아니다. 그 이유는 가족치료 모델들이 현재의 알코올 장애 진단에 잘 맞지 않기 때문이다. 이렇듯 만성 알코올 장애의 시작과 경과에 있어서 가족 요소의 중요성이 널리 인식되고 있음에도, 가족 관점을 통합하는 개념은 DSM-5 진단 체계에서도 아직 포함되지 않고 있다.

(1) 가족체계 모델

알코올 장애에 대한 가족체계 모델에서는 '알코올 체계 alcohol system'가 주된 개념이다. 알코올 체계란 술을 마시는 것이 체계 내 상호작용 행동 패턴의 주된 조직화 원리가 되는 행동 체계를 말한다. 공원이나 길거리와 같은 공공장소에 모여서 와인이나 위스키를 마시는 사람들이 아마도 이러한 음주 체계의 대표적인 예가 될 것이다.

그러나 만성적 알코올 문제에 처해 있는 많은 가족에게는 가족 역시 만성 알코올 장애가 핵심적인 정체성 문제로서 주된 위치를 차지하는 알코올 체계가 될 수 있다. 알코올 가족 alcoholic family이라는 용어는 이와 같은 상황을 기술하는 말로서, 알코올 장애 환자가 있는 가족과 대비된다. 알코올 장애가 있는 가족은 만성 알코올 장애로 인해 여러 가지 문제에 직면해 있지만, 이러한 문제에 흡수되는 식으로 재구성된 가족은 아니다. 따라서 이와 같은 유형은 기본적으로 가족에 만성 알코올 장애가 있음으로 인해서 가족 전체의 행동 패턴이 변화된 정도에 따라 구별된다.

가족 체계 모델은 이러한 가족의 재구성화 과정을 추적해 나가면서 가족생활의 2가지 측면에 초점을 맞춘다. 첫째는 일상생활의 패턴을 만들고, 가족의 특성을 세우며, 안정적으로 되기 위한 가족의 전형적인 조절행동이다. 둘째는 가족발달의 진행 과정이다. 가족조절행동에서는 알코올 장애 환자의 요구에 과도하게 신경을 쓰면서 가족 행동이 변하는가에 관심이 있다. 이를 위해서 일상생활, 정기적인 가족행사예: 휴일, 휴가, 저녁식사, 단기적 문제해결 전략 등 3가지 가족생활 영역에 초점을 맞춘다. 각각의 영역에 있어서 핵심적인 질문은 알코올 장애 환자의 독단적인 요구에 맞추기 위해 가족 행동 패턴이 변화되었는가 하는 것이다.

알코올 가족의 문제해결 행동에 대한 경험적 연구에서 알코올 장애 환자가 있는 가족과 없는 가족 간에 상당히 다른 상호작용 행동이 있음이 밝혀졌다. 가족의 일상생활에 대한 연구에서는 이런 행동이 알코올 중독과 관련된 임상적 경과 문제와 밀접하게 관련되는 것으로 나타났다. 또한 정기적인 가족행사에 대한 연구에서도 가족 환경 요인과 알코올 장애의 세대 간 연결과의 관련성이 확인되었다.

가족발달에 대한 체계 중심 모델에서 두 번째 주요 초점은 가족 내에서 알코올 장애와 관련된 문제에 지나치게 신경을 씀으로써 이에 상응하는 발달적 과제를 간과하게 되는가 하는 문제다. 이 모델에서는 가족생활에 알코올 장애 문제가 끼어들었을 때 가족발달이 왜곡되는 점을 지적한다. 이는 대개 가족이 장기적인 안목에서 성장을 지향하기보다는 단기간이라도 안정되는 것을 추구하기 때문이다.

체계 접근을 지지하는 심리학자들은 가족 내에서 이와 같은 알코올 증상에 의한 재조직화가 일어날 때 가족치료를 권유한다. 이런 재조직화 과정을 통해서 현재 유전적 소인이 있는지 여부와 관계없이 알코올 장애가 세대를 통해서 이어질 가능성은 높아진다.

알코올 장애에 대한 가족체계 접근은 알코올 장애 가족이 모든 만성 질병의 현상적 특징의 대표적인 예임을 강조하면서, 알코올 장애가 다른 정신장애 간의 관련성에 주목한다. 즉, 당뇨, 말기 신장병, 헤로인 중독, 영구 손상을 일으키는 충격적 외상, 지적장애, 만성 정신증과 같은 만성 정신장애인이 있는 가족은 모두 만성 질병 과정에 적응하는 전략으로 재구조화될 가능성이 높기 때문이다.

(2) 행동주의적 가족 모델

행동지향적 부부치료와 가족치료는 행동에 대한 학습 이론의 기본적인 구성 개념을 연장한 것이다. 이 모델에서 주된 관심은 상호작용을 포함한 행동이 정적 강화와 부적 강화를 통해서 학습되고 유지되는가 하는 것이다. 알코올 장애에서 행동적 접근은 주로 사회학습 이론에 기초한다. 사회학습 이론이란 조작적·고전적 조건형성의 기본적인 자극-반응 모델뿐만 아니라 인지 과정의 역할도 함께 평가하는 수정된 행동주의 이론이다.

알코올 장애 문제로 고생하고 있는 가족의 강화 패턴은 3가지로 분류된다. 관심을 보이거나 돌봐 주는 형태로 술 마시는 행동을 강화하기, 알코올 장애 환자가 부적 강화를 경험하지 않도록 보호하기, 술 마시는 행동을 처벌하기가 그것이다.

이런 상황을 만났을 때 행동치료자는 우선 반복적으로 술을 마시는 행동과 관련된 자극-반응 패턴을 알아내기 위해 특정한 일련의 행동을 찾아내서 이런 반응 패턴을 정적 또는 부적 강화 음주행동으로 분류해야 한다. 그리고 배우자나 가족 내에서 정적인 행동 상호작용을 높이고 강화해야 한다. 동시에 술 마시는 행동과 관련된 부적 행동 반응은 줄이도록 해야 한다. 여기에서 정적·부적이라고 하는 것은 술 마시는 행동을 증가시키거나 감소시키도록 강화하는 것이다.

치료의 평가 단계에서는 개입의 목표가 될 수 있는 특정한 행동을 파악하는 데 초점을 두어야 한다. 치료 접근은 행동검열, 일련의 대안적 행동을 만들고 이를 반복하기, 정적 강화 패턴에 대한 구체적인 행동 목표를 세우는 것과 같은 기법들을 사용한다.

(3) 가족 기능 모델

세 번째 주된 개념적 틀은 가족체계의 전반적인 기능성을 강조하는 것이다. 여기에서는 4가지 서로 다른 가족 유형을 제시한다. 각각의 가족 유형은 만성 알코올 장애 환자로 인한 스트레스와 문제에 대한 가족의 행동적 반응을 중심으로 나뉜다.

첫째, 기능적 가족체계에서는 알코올 장애 환자가 술을 마시는 것은 가족체계 기능의 문제가 아니라 그 사람의 개인적인 신경증적 갈등이나 사회적 긴장으로 인한 것이라고 본다. 둘째, 신경증적 가족체계에서는 알코올 장애 환자가 술을 마시는 것으로 인해 정상적인 가족 과제를 수행하는 것이 어려워지고 갈등이 일어나며 역할이 바뀌게 된다고 본다. 셋째, 분열된 가족 체계에서는 술 마시는 행동에 적절하게 대응하지 못함으로써 결국 가족 기능이 전체적으로 무너지게 된다고 본다. 넷째, 가족체계의 부재 유형에서는 알코올 장애 환자가 집에서 나가거나 가족이 흩어진다.

이런 범주화 개념은 앞서 제시한 가족체계 모델과 유사한 특징을 가지고 있으며, 특히 치료 계획을 세우는 데 유용하다. 예를 들어, 기능적 가족체계는 디설피람을 사용하게 하거나 집단치료에 참여하게 하는 것과 같은 알코올 장애 환자에 대한 지지적인 치료 계획에 가족 구성원이 동참하는 치료 지침을 잘 따른다. 반면에, 신경증적 가족체계는 대개 전체 가족체계를 재구조화하는 치료 프로그램이 필요하며, 가족이 치료에 동참하기 위한 첫 번째 단계로 알코올 장애 환자를 입원시켜야 할 때도 있다. 분열된 가족체계에서는 알코올 장애 환자와 가족을 분리해서 치료하는 방법이 좋다. 즉, 알코올 장애 환자의 가족에게는 지지적 치료를 받거나 알아넌에 참여하게 하고, 동시에 알코올 장애 환자는 개인 심리치료를 받도록 하는 것이다.

(4) 사회적 네트워크 이론

사회체계 모델에 바탕을 둔 사회적 네트워크 이론은 알코올 장애 환자를 주된 대상으로 하여 다양한 가족 개입 방법을 사용한다. 여기에서는 다음에 제시하는 목표를 염두에 두고 가족의 치료 참여가 이루어진다.

- 환자의 알코올 장애 경력에 대해보다 정확하고 구체적인 자료를 얻는다.
- 환자가 치료 과정에 참여할 가능성을 높인다.
- 치료 순응률을 높인다. 특히 디설피람 투약과 해독에 있어서 그렇게 한다.
- 해독 기간 이후 알코올 장애 환자에게 유용한 사회적 지지를 더 확고하게 한다.
- 가족의 대처 전략과 만성 알코올 장애가 가족생활에 미치는 심리적 영향에 관해서 가족 구성원에게 개별적으로 상담한다.

일반적으로 알코올 장애 환자를 대상으로 한 치료 프로그램에 가족 구성원을 위한 프로그램을 통합함으로써 앞서와 같은 목적을 이룰 수 있다. 예를 들어, 알코올 장애 환자가 별도의 해독 프로그램에 참여하고 있는 동안에 가족을 위한 치료를할 수 있다. 또 다른 일반적인 접근은 다중가족집단심리치료다. 이것은 알코올 장애 환자를 제외한 다른 가족 구성원과 관련된 문제에 초점을 둔 접근으로, 가족에 알코올 장애 환자가있음으로 해서 겪는 공통적인 어려움을 다루는 지지적인 접근이다. 어떤 경우에는 알코올 장애 환자의 배우자 또는 아이들을 개별적으로 만나기도 하고, 알코올 장애 환자가 집단에 참여하기도 한다. 그러나 이런 경우에도 초점은 사회체계다.

(5) 알아넌 집단

앞서 제시한 알코올 장애에 대한 가족치료의 4가지 모델은가족치료 전문가들이 제안한 것이다. 그러나 현재 알코올 장애 치료에 있어서 가장 활동적인 가족 중심 프로그램은 알아넌 모임이다. 알아넌은 1940년대에 단주친목과는 독립되게나란히 일어난 자조운동으로, 가족 집단은 단주친목을 모델로 삼아서 같은 문제를 가지고 있는 동료 간의 집단 동지애를바탕으로 모인다. 알코올 장애 환자의 배우자나 아이, 친척 등이 알아넌의 구성원이 된다.

알아넌 운동에 대해 폭넓게 연구한 연구자들은 성공적인알아넌 구성원이 되기 위해서 기본적인 교훈과 집단의 작용에 대한 3가지 원칙을 배워야 한다고 하였다. 기본적인 교훈이란 단주친목에서 본 알코올 장애의 개념, 즉 '강박적인 마음과 신체의 이상반응'을 받아들이는 것이다. 이는 알코올 장애 환자가 자신의 병이 자신의 통제 바깥에 있다는 것을 인정하는 것을 의미한다. 집단의 작용에 대한 3가지 원칙은 알코올 장애 환자로부터의 분리detachment, 즉 가족은 자신이 알코올 장애 환자의 행동에 효과적으로 개입할 힘이 없다는 사실을 인정하는 것, 가족의 자존감과 독립심의 재구축, 신적 존재와 그 힘higher power에의 의지다.

고전적인 가족치료 접근과 단주친목이나 알아넌 집단 참여를 결합할 것인가 하는 문제는 가족치료자 사이에서도 의견이 분분하다. 어떤 사람은 단주친목과 알아넌은 가족 전체가 아니라 알코올 장애를 가진 사람만을 '환자'로 보기 때문에 두 접근이 서로 상반된다고 주장한다. 그러나 현재 일반적으로 자조집단에 참여하는 것이 대부분의 가족에게 유용한 경험이며, 특히 재활즉, 재발 방지 단계에 더욱 도움이 된다고 본다.

지금까지 가족치료 모델을 가족체계 모델, 행동주의적 가족 모델, 가족 기능 모델, 사회적 네트워크 이론, 알아넌 집단으로 구분했지만 이러한 접근들이 단독으로 알코올 장애의 치료 프로그램에 사용되는 것은 매우 드문 일이다. 왜냐하면 다양한 치료 접근 간에 주요 개념과 기법이 많이 중복되기 때문이다. 예를 들어, 체계 치료자 역시 종종 평가 과정의 일부로 일련의 상호작용 행동을 분석하고 치료 도구로서 행동검열 monitoring과 같은 기법을 사용한다.

이와 비슷하게, 행동 가족치료자들도 사회학습 이론을 부부와 가족으로 확장시키는 데 있어서 체계 이론에 많이 의존한다. 다른 이유로는 알코올 장애 치료 프로그램 자체가 그 구성에 있어서 절충적이라는 것이다. 대부분의 알코올 장애 치료 프로그램은 정신역동치료, 12단계 프로그램, 생물학적 해독 과정, 정신약물학적 접근과 함께 간간이 부부치료와 가족치료를 함께 사용하고 있다.

그럼에도 불구하고 알코올 장애의 서로 다른 하위 유형에 대해 의미 있는 임상 유형을 개발하는 것이 중요한 연구과제가 되면서, 치료 평가에서 알코올 장애의 각 하위 유형에 대해 가장 효과적인 치료 접근을 찾는 것이 중요한 문제가 되었다. 이러한 과정에서는, 부수적으로 각각의 치료 접근의 핵심적 구성 개념을 보다 명확하게 그리는 것이 필요하다.

3) 평가와 가족 해독

앞서 제시한 다양한 가족치료 접근 가운데 아마도 가족체계 접근이 가장 독특한 접근일 것이다. 이제 가족체계 접근을 사용할 경우 치료의 처음 두 단계, 즉 평가와 해독이 어떻게 이루어지는지를 보다 자세하게 살펴보고자 한다.

(1) 평가 전략

일반적인 임상 장면에서 이루어지는 평가에 있어서 치료자는 다음의 두 가지 기본적인 질문, 즉 무엇이 잘못되었는가진단의 문제, 어떻게 임상적 문제를 치료해야 하는가를 생각해야 한다. 일반적으로 치료 평가는 치료 방법의 선택과 함께 환자의 장점과 단점에 대한 지식을 함께 가져야 한다.

가족치료자들도 똑같은 평가 과정을 거치지만, 가족체계 접근에서는 가족 수준의 평가를 특히 강조한다. 이를 위해 평가 과정에서 가족 전체에 대한 면접을 실시하거나 중요한 가족 구성원특히 배우자에 대한 면접을 하게 된다. 따라서 알코올 장애 환자만 평가할 때보다 더 풍부하고 신뢰로운 자료를 얻을 수 있게 된다.

특히 알코올 장애로 인한 행동이 가족 조절기제에 미치는 영향을 평가하는 데 있어서는 여러 가지 관점에서 자료를 수집하는 것이 매우 효과적이다. 앞서 논의했듯이, 이와 같은 가족 조절기제에는 가족문제 해결 양식, 일상생활, 정기적인 가족 행사 등이 포함된다. 알코올 장애 치료에 대한 가족체계 모델에서 가장 중요한 것은, 해독 과정에 대한 예비 자료로서 가족 내 알코올 장애 환자가 술을 마실 때와 술을 마시지 않을 때의 상호작용 행동의 차이를 아는 것이다. 그렇지 않으면 알코올 관련 행동이 가족생활에 통합되는 복잡한 기제를 이해할 수 없고, 결과적으로 알코올 해독이 가족생활의 질을 향상시키기보다는 흔들어 놓을 수도 있기 때문이다.

이와 같은 차이를 알아내기 위한 평가 과정에 많은 관심이 모아졌다. 알코올 장애 환자가 술에 취해 있는 시기에 그 가족을 면담하면, 알코올 장애 환자가 술에 취했을 때의 행동을 평가하는 기회가 될 수 있다. 이때 치료자는 다양한 가족 구성원의 적극성과 소극성, 상호작용의 비율, 정서적 표현의 범위, 직접적인 갈등의 수준, 언어적 내용특히 이전에 언급하지 않았던 문제를 꺼낼 경우, 상호작용의 거리, 전반적인 감정, 대인관계의 정도 등의 변인에 대해 파악할 수 있게 된다. 예를 들어, 어떤 부부가 그 치료 회기에 더욱 정서적으로 친밀해지는 것이 나타난다면, 이를 이 부부가 술 마시는 기간에 사용하는 문제해결 방법으로 볼 수 있는데, 이는 아마도 이후 계속 술을 마시는 것을 강화하는 요소가 될 것이다.

술을 마실 때와 마시지 않을 때의 상호작용 행동 패턴에 차이가 보일 때 중요한 것은 각각의 가족 구성원이 알코올 장애 환자가 술에 취해 있을 때 보이는 반응이 다르다는 것이다. 어

3. 가족치료 ✱ **167**

떤 구성원은 술에 취한 사람에게 강하게 지시할 수 있고, 어떤 구성원은 피하거나 그 사람을 따로 격리시킬 수 있다. 이는 또한 술에 취한 상태에서 상호작용 양상이 변하는 방향이 가족마다 상당히 다양할 수 있다는 것을 의미한다. 어떤 알코올 장애 가족은 술을 마시는 것이 가족에게 도움이 된다고 주장하기도 한다. 이런 가족의 경우 알코올 장애 환자가 술에 취해 있는 동안, 다른 가족 구성원이 보이는 행동을 치료자가 주의 깊게 관찰하고 자세히 기술하는 것이 상당히 유용하다.

보다 체계적으로 이러한 작업을 수행하는 기법 중 하나가 리프만과 동료들(Liepman et al., 1989)이 제안한 '가족 반복행동 지도mapping' 기법이다. 이 기법에서는 알코올 장애 환자의 가족이 보이는 순환적인 반복 행동을 확인하는 것이 가장 중요하다. 특히 알코올 장애 환자가 술을 마시는 상황에서 마시지 않는 상황으로 가거나 마시지 않는 상황에서 마시는 상황으로 갈 때 일어나는 행동의 변화를 파악해야 한다. 이러한 반복행동에 대한 분석은 가족을 이해하는 데 매우 중요하다. 다음은 이와 같은 반복행동의 예를 제시한 것이다.

- 아이는 누군가가 보살펴 주기를 바라면서 화가 난다.
- 아이는 물건을 부수는 것으로 자신의 화를 분출한다.
- 엄마는 아이의 행동을 발견하고 아이를 벌주기로 결심

한다.

- 엄마는 아빠에게 아이를 벌주라고 부탁한다.
- 아빠는 다 큰 아이를 두려워하면서도 이에 동의한다.
- 아빠는 공포를 없애기 위해 술을 마신다.
- 아빠는 아이를 호되게 때린다.
- 아이는 고통으로 울음을 터뜨린다.
- 엄마는 아이가 울자 아빠의 매질을 막는다.
- 아빠는 잠시 화를 누그러뜨리고, 엄마가 아이를 껴안고 있는 동안 물러선다.
- 아이는 엄마가 안아 준 것을 통해 화내는 것을 강화받고, 엄마는 아이를 구한 행동에서 강화를 받는다.
- 아빠는 엄마가 아이를 때리는 것을 방해한 것과 아이가 물건을 부순 것에 화가 나서 소리를 지른다.
- 엄마는 아이에게 심하게 대한 것에 대해서 아빠에게 소리를 지르지만, 아이에게도 잘못에 대해서 야단을 친다.
- 부모가 소리를 지르고 야단치는 과정에서 아이는 보살핌을 받고 싶어지고 화가 난다.

여기에서 주된 문제는 '술을 마실 때'와 '술을 마시지 않을 때'의 주기가 맞물려서 일정하게 나타나는 상호작용 행동의 변화를 명확하게 밝혀 내는 것이다. 이런 양상을 명확하게 이해함으로써 치료자는 현재 알코올 관련 행동이 가족의 일상생활과 문제해결 행동의 일부분이 되는 방식을 이해할 수 있다.

(2) 가족 해독

가족체계 모델도 다른 치료 접근들과 마찬가지로, 효과적인 알코올 장애 치료는 환자가 술을 끊고 난 다음에야 이루어질 수 있다고 보았다. 그러나 해독에 대한 입장은 두 가지 면에서 근본적으로 다르다. 우선 가족체계 모델에서의 해독은 가족 수준에서의 해독이다. 물론 알코올 장애를 가진 본인의 해독이 기본이 된다. 다른 하나는 해독의 주된 기법은 개인 수준뿐만 아니라, 가족 수준에서 알코올이 없는 환경을 만들기 위해 모든 가족과 계약을 하는 것이다.

알코올 장애는 가족 내의 한 개인의 행동으로 인해서 시작되었는지의 여부에 상관없이 만성화되는 단계에 들어서게 되면 가족생활의 가장 중요한 요소가 된다. 부부가 서로 같이 지내는 방식은 알코올 장애 환자의 술 마시는 양상과 강한 관련성을 가진다. 즉, 가족의 일상적인 생활이 술 마시는 행동에 끌려가게 된다. 알코올 장애 환자가 술을 마실 때 가족이 보이는 행동에 의해서 상호작용, 문제해결 등 모든 것이 결정된다. 이와 같은 방식으로 알코올 장애는 가족의 생활에 침입하고, 가족생활의 형태와 의미를 결정하게 된다.

따라서 알코올 장애 환자가 술을 마시지 않는 것은 모든 가족 구성원에게 커다란 의미를 주며, 전체 가족은 해독 과정이 어떻게 이루어지는지에 커다란 관심을 가진다. 또한 만성 알코올 장애는 가족생활의 대부분을 좌지우지하기 때문에, 이러한 가족에게 해독은 처음에는 상당한 정도로 가족생활을 흔드는 사건이 된다. 따라서 알코올 장애 환자 개인뿐만 아니라 가족 전체의 관점에서 해독 과정을 설계할 필요가 있다. 여기에서 두 가지 목적을 세우게 된다. 첫째는 알코올 장애 환자가 술을 마시지 않도록 하는 것이고, 둘째는 가족에게 술이 없는 심리사회적 환경을 제공하는 것이다. 가족체계 접근이 두 번째 목적에서 다른 치료들과 구별된다.

이와 같은 목표를 이루기 위해서 가족치료자들은 가족 모두가 치료자와 함께 문서로 된 계약을 만드는 방법을 제안했다. 이를 가족 해독 계약이라고 한다. 이 과정은 치료자가 가족에게 해독의 원리를 설명해 주고 성공적인 치료를 위한 첫 번째 단계로서 해독의 필요성을 설명하는 것에서 시작한다. 그리고 가족 구성원이 술이 없는 환경을 만들기 위해 해야 할 일을 확인하고 이를 이루기 위한 과제를 나누어 맡는다.

첫 번째 단계로, 집에서 절대 술을 마시지 않고 술을 마시지 않은 상태에서 모든 집안일을 한다는 계약을 체결한다. 첫 번째 단계가 성공하면 가족의 사회적 · 직업적 네트워크로 가족 환경의 범위를 넓힌다. 즉, 처음에는 가족의 일상생활을 해독하는 데 목적을 두고, 다음에는 새로운 알코올 요소가 가족 내로 들어오는 것을 막고, 마지막으로 가족이 바깥세상으로 나갔을 때에도 술을 마시지 않는 행동이 계속 유지되도록 하는 것이다.

일단 이와 같은 계약이 집안일이나 일상생활과 같은 단순한 가족 환경 개념 이상으로 넘어가면 계약은 매우 복잡해진다. 따라서 이 단계에서는 가족과 바깥세상과의 상호작용 '모델'을 만들어야 한다. 모델은 서로 다른 다양한 상황에서도 여기에 기초하여 해석할 수 있도록 만들어져야 한다. 여기에서 중요한 것은 치료자가 가족과 함께 과거에 술을 마실 가능성이 높았던 2~3개의 상황을 확인하는 것이다. 이러한 상황을 확인하면 가족은 술이 없는 가족 환경을 유지하기 위해 상황을 헤쳐 나가는 대안적 방법을 치료자와 함께 연습할 수 있게 된다.

마지막으로, 치료자는 계약 과정을 통해서 계약 자체를 강화하고 더욱 굳건하게 만들기 위한 2가지 부가적인 기법을 사용한다. 하나는 계약을 만들었다는 사실을 친구들이나 친척들에게 공개적으로 알림으로써 계약을 공공연하게 만드는 것이고, 다른 하나는 계약의 세부 사항을 수행할 때 가족이 처할 수 있는 문제를 예상하기 위해서 미리 예행연습 기법을 사용하는 것이다.

결국 가족 수준의 해독의 성공은 6가지 요인에 달려 있다. 해독 계약, 해독 계약의 구체적 작성, 해독을 하기 위한 다단계 전략, 해독 계약의 의미와 중요성을 강화하기 위한 공론화 기법의 사용, 금주에 따르는 가능한 문제의 확인을 위한 예견, 금주에 따르는 가능한 문제에 효과적으로 대처하기 위한 예행연습을 많이 하는 것 등이 그것이다. 가족 해독 개념은 체계치료 모델의 가장 독특한 측면이다. 가족이 함께 계약을 만들고 술이 없는 가족 환경을 만들기 위한 치료 목표를 세움으로써, 자동적으로 치료자는 가족 전체의 관점에서 알코올 장애 문제의 틀을 다시 세우게 된다. 치료자가 알코올 장애 환자에게 직접적으로 개입하는 것은 아니지만, 알코올 장애 환자는 스스로 알코올 장애가 자신의 가족생활에서 어떤 역할을 해왔는지를 인식하게 된다.

알코올 장애의 가족치료 접근에 대한 임상적 연구는 드물지만, 현재까지의 연구 결과에서는 일반적으로 부부치료나 가족치료가 개인치료 접근보다 더 효과가 있는 것으로 나타나고 있다. 또한 가족 구성원이 치료에 참여하면 해독 단계나 재활 단계에서 환자의 참여 정도가 훨씬 높아진다는 연구도 있다. 따라서 알코올 장애 치료에서의 가족 참여 중요성은 경험적 자료에서도 뒷받침되고 있다.

또한 가족치료 문헌을 검토해 보면 가족체계 치료, 행동 가족치료, 다중 부부치료, 다중 가족집단 치료와 같은 다양한 가족치료 기법이 알코올 장애 환자와 가족의 치료에 사용되었으며, 모두 상당한 지지를 받고 있다. 알코올 장애의 다양한 유형을 제안하는 새로운 연구들은 흥미로운 결과를 보일 것으로 간주되며, 결과적으로 여러 유형의 알코올 장애 환자가 있을 때 개인치료를 할 것인지 가족중심 치료를 할 것인지의 문제뿐만 아니라 다양한 가족치료 기법 중 어떤 것을 적용할 것인지의 문제에 대한 기초 정보를 줄 수 있을 것으로 보인다. ◆

부 록

〈부록 1〉
알코올 장애를 가진 사람을 위한 조언

만일 술을 너무 많이 마신다면, 술 마시는 양을 줄였을 때 일상생활도 나아지고 건강도 좋아질 것이다. 그렇다면 술을 많이 마시는지는 어떻게 알 수 있을까? 다음에 제시된 음주량 및 음주 습관 진단 문항에 간단히 '예' '아니요'로 답해 보자.

- 화가 나거나 슬플 때 혼자서 마신다.
- 음주 때문에 늦게 출근한 적이 있다.
- 술 마시는 것을 가족이 걱정한다.
- 끊는다고 다짐하고도 다시 마신 적이 있다.
- 술 마시는 동안 한 행동을 잊어버린 적이 있다.
- 술 마신 다음날 머리가 아프거나 숙취감이 있다.

어느 한 가지라도 '예'라고 답하였다면 당신의 음주에는 문제가 있을 수 있다. 물론 확실히 알기 위해서는 전문가에게 문의하여야 한다. 술을 줄이겠다고, 혹은 끊겠다고 스스로에게 다짐할 수도 있다. 만일 당신이 알코올 장애 환자라면, 혹은 다른 의학적 문제가 있다면 줄이는 것만으로는 충분하지 않다. 음주를 완전히 중단해야 한다. 전문의는 당신에게 무엇이 옳은지를 충고할 것이다. 만일 전문가가 당신에게 술을 줄이라고 하였다면, 다음의 단계들을 따르는 것이 도움이 된다.

✦ 왜 적게 마시기를 원하는가

술을 끊거나 줄이기를 원하는 데는 많은 이유가 있을 수 있다. 건강해지기를 바란다든지, 잠을 잘 자기를, 혹은 가족이나 친구들과 잘 지내기를 바랄 수도 있다. 적게 마시고자 하는 이유를 하나하나 적어서 목록을 만들어 보자.

✦ 술 마시는 목적 정하기

얼마나 마실 것인지 그 한계를 정한다. 줄이는 것을 선택할 수도 있고 전혀 마시지 않는 것을 택할 수도 있을 것이다. 줄이기로 하였다면 한계를 분명히 해야 한다. 여성은 하루에 한 잔까지만 허용하고, 남성은 하루에 두 잔까지만 허용하도록 한다. 한 잔이란 맥주 360cc, 포도주 140cc, 위스키 35cc 정도다. 절대 알코올로 따지면 15~20mg 정도다. 이는 소주로는 한 잔 정도, 정종으로는 한 컵 정도의 양이다. 물론 의학적인 문제를 가졌거나 연로한 사람들에게는 이것도 많은 양이다. 따라서 전문의와 의논하여 자신에게 적당한 한계를 정할 수 있다. 음주 목표량을 종이에 적어서 화장실이나 냉장고 등 잘 보이는 곳에 붙여 놓는다. 그 종이의 내용은 다음과 같다.

〈나의 음주 목표〉

1. 나는 ○○○○년 ○○월 ○○일부터 음주량 줄이기를 시작한다.
2. 나는 하루에 두 잔까지만 마신다혹은 나는 술을 마시지 않겠다.
3. 나는 일주일에 이틀만 술을 마신다.
4. 목표를 달성하기 위하여 음주 일기를 쓴다. 예를 들면, 한 잔을 마실 때마다 기록을 하고 3~4주간 계속한다. 음주 일기를 통하여 얼마나 마셨고, 언제 마셨는지를 알 수 있다. 지금 현재 마시고 있는 양과 애초의 목표량이 다를 때 놀라게 될 것이다음주의 형태는 혼자 마셨는지, 친구들과 마셨는지, 모임에서 마셨는지, 2차나 3차를 하였는지 등을 의미한다.

◆ **음주량을 줄이는 방법**

이제 당신이 왜 술을 줄이려고 하는지 그 이유와 목표 음주량이 정해졌다. 다음은 목표 음주량을 성취하고 술을 줄이는 데 도움이 되는 방법들이다.

1. 집에 있을 때 조심한다. 집에서는 적게 마시거나 아예 안 마시도록 하자. 주변의 유혹 거리를 없애야 한다.

2. 천천히 마신다. 술을 마실 때는 천천히 입술에 적시는 정도로 마시고 다음 잔을 마시기까지 한 시간 정도 여유를 갖는다. 술을 한 잔 마시고 난 다음에는 반드시 음료수나 물, 주스 등을 마시자. 술을 마실 때는 빈속에 마시지 말고 반드시 음식을 섭취한다.

3. 술을 안 마시는 '술 쉬는 날'을 만든다. 우선 전혀 마시지 않는 날을 일주일에 하루나 이틀 갖고, 그것이 가능해지면 그 다음에는 일주일간 전혀 마시지 않도록 해 보자. '술 쉬는 주'를 만드는 것이다. 이런 날들에는 어떤 기분이 될 것인지를 생각해 보자. 만일 성공해서 기분이 좋아진다면 술을 줄이거나 끊기가 더 쉬워질 것이다.

4. "안 마셔요!"라고 말하는 방법을 배운다. 다른 사람이 마신다고 나도 마셔야 하는 것은 아니다. 준다고 다 마실 필요도 없다. 정중하게 거절하는 방법을 연습하자. 예를 들면, "나는 적게 마실 때 더 기분이 좋아요."라고 말할 수 있다. 마시지 않는다고 핀잔을 주거나 곤란하게 만드는 사람과는 자리를 만들지 말고 멀리하자.

5. 항상 적극적으로 행동한다. 술을 마시는 대신에 무엇을 할 것인가? 술을 마시기 위하여 사용한 돈과 시간을 가족이나 친구들과 행복한 시간을 보내는 일에 사용하자. 외식을 하고, 영화도 보고, 운동을 하고, 놀이도 즐기자. 할 일은 얼마든지 있다.

6. 도움을 받는다. 음주량을 줄이는 것이 때로는 매우 힘이 들 것이다. 당신이 정한 목표를 달성하도록 가족이나 친구들에게 도움을 청하자. 술을 줄이기 힘들면 전문의에게도 의논해서 목표를 달성하는 데 필요한 도움을 얻자.

7. 여러 가지 유혹을 경계한다. 당신이 원하지 않는데도 술을 마시게 하는 사람들, 그런 장소들, 그런 시간들을 경계하자. 술 마시는 사람을 멀리 하고, 자주 갔었던 술집을 피한다. 유혹이 있을 때는 술 마시는 것을 피하기 위하여 무엇을 할 것인지를 미리 계획해 둔다. 화가 났거나 흥분했을 때, 그리고 그날 하루가 무척이나 힘들었을 때는 술을 마시지 않는다. 이것은 술을 줄이고자 할 때 깨지 않으면 안 되는 나쁜 버릇이다.

8. 무엇보다도 포기하지 말자. 사람들은 대부분 술을 단번에 줄이거나 끊지 못한다. 다이어트를 하는 것처럼 변한다는 것은 결코 쉬운 일이 아니다. 처음에 목표를 달성하지 못했다면 다시 시도하자. 당신을 걱정하고 당신에게

도움을 주고자 하는 사람들에게서 도움을 얻는 것이 중
요하다는 사실을 기억하자. 절대로 포기하지 말자! ◆

〈부록 2〉
알코올 장애를 가진 사람의
가족을 위한 조언*

◆ 술 마시는 것을 감싸는 행동

감싸주기enabling란 알코올 장애를 가진 사람들을 음주의 나쁜 결과로부터 보호하고 계속 술을 마시게 하는, 알코올 장애를 가진 사람의 주변 사람들의 행동을 말한다. 감싸주기 행동을 하는 사람은 알코올 장애를 가진 사람이 술을 마시는 것을 변호하고 두둔하며 알코올 장애를 가진 사람이 사용하는 것과 똑같은 '방어'를 사용한다. 실질적으로 현실에서 알코올 장애를 가진 사람은 감싸는 사람enabler의 도움 없이는 계속 술을 마시기 어렵다. 감싸는 사람의 행동으로 인해 그 자신과 알코올 장애를 가진 사람 모두 현실을 똑바로 보지 못하게 된다.

---

* 출처: Sales(1994)의 내용에서 요약 정리한 것임.

알코올 장애를 가진 사람의 행동을 변호하거나 덮어 주는 사람은 누구든지 다 감싸는 사람이라고 할 수 있다. 배우자, 친구, 부모, 아이, 동료, 이웃, 상사, 의사, 목사, 심리학자, 사회사업가, 선생님, 간호사, 경찰, 변호사, 판사 등이 모두 그런 사람이 될 수 있다.

알코올 장애를 가진 사람이 술을 계속 마시는 데 꼭 필요한 도움을 주는 사람을 일차적 감싸는 사람이라고 한다. 이들은 대개 알코올 장애를 가진 사람과 다른 가족들을 알코올 장애의 악영향으로부터 감싸주는 사람이다. 일차적 감싸는 사람이 행동을 바꾼다면 알코올 장애를 가진 사람은 자신이 술 마신 결과를 직면하게 되고 자신의 행동을 바꿀 수밖에 없게 된다.

이차적 감싸는 사람은 알코올 장애를 가진 사람이 계속 술을 마시는 것에 대해서 일차적 감싸는 사람보다는 더 적은 역할을 한다. 때로 알코올 장애를 가진 사람의 고용주가 감싸는 인물이 될 수 있다. 이차적 감싸는 사람은 알코올 장애를 가진 사람이 술 마시는 것을 지적하지 않거나 그냥 '못 본 체' 함으로써 이들의 부인하는 경향성을 더욱 굳건하게 한다. 이렇게 되면 알코올 장애를 가진 사람은 자신이 술을 마시는 것이 사람들이 뭐라고 할 만큼 그렇게 나쁜 것은 아니라는 생각을 가지게 된다. 알코올 장애를 가진 사람을 감싸고도는 행동은 다음과 같다.

- 알코올 장애를 가진 사람이 술을 마신 것에 대해서 가족이나 친구에게 거짓말한다.
- 알코올 장애를 가진 사람이 술을 마시고 일으킨 문제를 눈감아 준다.
- 알코올 장애를 가진 사람의 상사에게 술 마신 것에 대해서 거짓말한다.
- 알코올 장애를 가진 사람의 책임예: 돈 문제을 대신 짊어진다.
- 알코올 장애를 가진 사람의 건강을 걱정하기만 한다.
- 아이들의 고통이나 상처를 무시한다.
- 알코올 장애를 가진 사람이 하는 '변명'을 인정함으로써 알코올 장애를 가진 사람과 싸우려고 하지 않는다.
- 도움을 주려고 하는 상담자나 친구들의 충고를 따르지 않는다.
- 알코올 장애를 가진 사람이 한계를 넘어서 술을 마시지 않기를 바라면서 같이 술을 마셔 준다.
- 알코올 장애를 가진 사람의 돈 문제나 법적인 문제를 해결해 준다.

사람들은 알코올 장애를 가진 사람을 보호해야 한다고 생각하기 때문에 감싸기 행동을 한다. 감싸는 사람은 알코올 장

애를 가진 사람의 가족으로 살아가면서 겪게 되는 문제들예: 경
제적 문제, 아이 학대 또는 배우자 학대을 다른 사람들에게 숨기기 위해
감싸기 행동을 한다. 또는 알코올 장애를 가진 사람의 음주로
인해 생기는 죄책감, 수치심, 부적절감, 불안정감, 분노 감정
을 숨기기 위해 감싸기 행동을 한다.

감싸는 사람은 먼저 자신의 행동을 바꿔야 한다. 감싸기 행
동을 바꾸지 않으면 알코올 장애를 가진 사람이 변화할 가능
성은 거의 없다. 알코올 장애를 가진 사람의 주변에 있는 모든
사람이 알코올 장애를 가진 사람의 술을 마시는 것의 영향을
받고 그들과 같은 정서적 혼란에 빠지게 된다. 감싸는 사람이
먼저 어떤 행동을 취하지 않으면, 알코올 장애를 가진 사람이
중독에서 빠져나오는 것은 점점 더 어려워진다.

감싸는 사람은 자신이 알코올 장애를 가진 사람의 술 마시
는 행위를 계속 돕고 있다는 것을 깨달아야 하고, 자신이 그런
행동을 바꾼다면 알코올 장애를 가진 사람 역시 변할 가능성
이 높다는 것을 알아야 한다. 알코올 장애를 가진 사람은 감싸
는 사람이 자신이 술 마시는 것을 지지한다는 것에 많이 의존
하고 있다. 감싸는 사람이 알코올 장애를 가진 사람에게 의존
하는 것보다 알코올 장애를 감싸는 사람에게 의존하는 것이
훨씬 더 크다. 감싸는 사람이 없다면 알코올 장애를 가진 사람
은 술을 마시기가 더 어려울 것이다. 따라서 감싸는 사람이 감

싸기 행동을 180도로 바꾸면, 알코올 장애를 가진 사람은 변화에 직면하게 되고 치료를 받고자 할 것이다.

감싸는 행동은 알코올 장애를 가진 사람이 술을 끊게 만들지는 못 한다. 그러나 알코올 장애를 가진 사람과 함께 사는 사람의 경우배우자, 가족 감싸기 행동을 바꾸는 것은 알코올 장애를 가진 사람에게 커다란 영향을 미칠 수 있다. 알코올 장애를 가진 사람이 자신의 행동을 바꿀 수 없다면, 주변에 있는 사람들의 감싸기 행동을 변화시키는 것이 알코올 장애를 가진 사람을 치료로 이끄는 좋은 방법이 될 수 있다. 다음은 감싸기 행동을 바꾸기 위한 지침이다.

- 사실을 똑바로 보고 현실을 파악하도록 하라.
- 알코올 장애라는 병 자체에 대해 알도록 하라.
- 당신 자신을 위한 도움을 구하라전문가의 도움을 얻거나 알코올 장애를 가진 사람의 가족과 친구를 위한 집단인 알아넌에 참여하기.
- 당신의 감싸기 행동이 무엇인지 파악하라.
- 당신의 감싸기 행동을 어떻게 그만둘 수 있는지 알아보라.
- 알코올 장애를 가진 사람과 그들이 일으키는 문제에 초점을 두지 말라.
- 알코올 장애를 가진 사람 곁에 있는 것으로 인해 일어나는 당신의 혼란스러운 감정을 이해하고 통제하는 연습을

하라.

- 즐거운 가정환경을 만들도록 하라.
- 알코올 장애를 가진 사람에게 초점을 두지 않기 위해 집 밖의 흥미로운 일들을 찾아보라.
- 당신 자신에게 관대하라. 당신은 알코올 장애의 원인이 아니다.

당신이 감싸는 사람이라면 당신은 단지 알코올 장애를 가진 사람이 계속 술병을 옆에 끼고 살게 만드는 사람에 지나지 않는다. 당신이 감싸기 행동을 하지 않으면 알코올 장애를 가진 사람이 치료를 받으러 올 가능성이 훨씬 더 높아질 것이다.

◆ 주변 사람이 알코올 장애를 가진 사람이라면 당신이 하지 말아야 할 일 15가지

다음에 나오는 15가지의 하지 말아야 할 것을 지킨다면 당신 자신이나 주변의 알코올 장애를 가진 사람을 도와줄 수 있다.

1. 알코올 장애를 가문의 불명예로 보지 않는다. 알코올 장애는 질병이고 다른 질병과 마찬가지로 회복이 가능하다. 알코올 장애를 갖고 싶어 하는 사람은 아무도 없다는 사실을 기억하라.

2. 술병을 숨기거나 버리지 않는다. 그렇게 하면 알코올 장애를 가진 사람은 술을 손에 넣기 위한 다른 방법을 찾으려고만 할 것이다.

3. 알코올 장애를 가진 사람과 술을 마시지 않는다. 같이 술을 마신다고 해서 그들이 술을 덜 마신다거나 치료를 받을 수 있게 되지 않는다. 함께 술을 마심으로써 오히려 그 버릇을 강화하고 그들이 치료를 받는 것을 가로막게 될 수 있다.

4. 알코올 장애를 가진 사람에게 어떤 책임을 지우지 않는다. 그들이 책임을 완수하지 못했을 때 그들에게 화내지 않는다.

5. 알코올 장애를 가진 사람에게 벌을 주거나, 잔소리하거나, 돈을 주거나, 설교하지 않는다. 그러면 그들은 죄책감, 자기에 대한 미움, 자기에 대한 연민과 후회만 커질 것이고, 이는 그들이 다시 술을 마시도록 할 것이다. 또 거짓말을 하거나 지킬 수 없는 약속을 하게 될 것이다.

6. 잠시 동안 술을 마시지 않는다고 해서 여기에 속지 않는다. 알코올 장애를 가진 사람은 잠시 술을 마시지 않음으로써 술과 관련되는 문제가 없다고 믿게 하려고 할 것이다. 술을 마시지 않는 잠깐의 시간 동안에는 상태가 좀 나아질지도 모르지만, 다시 술을 마시기 시작하면서 상

황은 악화되기만 할 것이다.

7. 스스로는 정말 그렇게 하지 않을 거면서 말로만 알코올 장애를 가진 사람을 협박하지 않는다. 당신이 협박한 그 내용을 실제로 하지 않는다면, 그들은 당신이 말로만 그 런다는 것을 알게 된다.

8. 알코올 장애를 가진 사람에게 관대하게 대하지 않는다. 술을 마신 결과로부터 그들을 보호하는 것은 오히려 그 들이 도움을 찾지 못하게 만든다.

9. 알코올 장애를 가진 사람들의 책임을 자신이 떠맡지 않 는다. 그들은 자신이 술을 마신 것으로 인한 결과에 직면 하고, 문제를 해결하려고 노력해야 할 필요가 있다. 알코 올 장애를 가진 사람의 책임을 떠맡는 것은 그들의 자존 감을 떨어뜨리고, 자신은 무가치하고 쓸모없는 사람이라 고 느끼게 만든다.

10. 알코올 장애를 가진 사람이 술을 마신 상태라면 설득을 하거나 논쟁을 벌이지 않는다. 그들이 술에 취한 상태 에서는 아무도 이길 수 없다.

11. 알코올 장애를 가진 사람에게 비합리적인 약속을 요구 하거나 그런 약속을 받아들이지 않는다. "네가 나를 사 랑한다면"과 같은 틀에 박힌 말을 하지 않는다. 알코올 장애를 가진 사람은 환자다. 그들은 자신이 술 마시는

것을 통제할 수 없으며 알코올 장애의 속성상 어떤 약속
도 지킬 수 없다. 지켜지지 않은 약속은 더 많은 거짓말
과 더 큰 불신만을 낳을 뿐이다.

12. 알코올 장애를 가진 사람이 곤란한 상황에 처했을 때 이
를 도와주지 않는다. 그들은 자신이 술 마신 것으로 인
해 일어난 결과에 스스로 직면해야 한다. 그렇지 않으
면 그들은 자신에게 필요한 도움을 결코 얻을 수 없다.

13. 알코올 장애를 이해하지 못하는 친구들의 조언을 듣지
않는다. 이는 그들을 더 혼란스럽고 절망적으로 만든
다. 알코올 장애를 잘 아는 사람에게서 도움을 받는다.

14. 당신 자신이 알코올 장애를 가진 사람과 알코올 장애를
다루려고 하지 않는다. 혼자서는 할 수 없다. 알코올 장
애에 대해 전문적인 훈련을 받은 사람으로부터 도움을
구하고, 당신 자신도 도움을 받는다.

15. 당신 자신을 돌보아야 한다는 것을 잊지 않는다. 그리
고 알코올 장애를 가진 사람은 자기 스스로 돌보도록
한다. ◆

참고문헌

권석만(2013). 현대이상심리학. 서울: 학지사.

김기태, 안영실, 최송식, 이은희(2005). 알코올 중독의 이해. 경기: 양서원.

김성만(2015). 상온. 서울: 좋은땅

민성길(1994). 임상정신약리학. 서울: 중앙문화사.

박상규(2012). 금주자기효능감과 마음챙김이 대학생의 음주문제에 미치는 영향. 한국심리학회지: 건강, 17(2), 311-322.

백선희 역(2002). 알코올과 예술가[*Se noyer dans l' alcool?*]. L. Alexandre 저. 서울: 마음산책. (원저는 2001년에 출판).

보건복지부(2011). 2011년 정신질환실태 역학조사.

신정호(2013). 알코올 중독에서 살아나기. 서울: 하나의학사.

원호택(1999). 이상심리학. 서울: 법문사.

이솔지(2014). 알코올 중독자의 삶에 대한 현상학적 연구: 포토보이스를 활용하여. 부산대학교 대학원 박사학위 논문.

이정균(1988). 한국 정신장애의 역학적 조사 연구: 알코올 중독의 유병률. 서울대학교 의과대학 정신의학, 13(1), 15-26.

이해국, 이보혜(2013). 4대 중독 원인 및 중독 예방 정책. 보건복지포럼, 200, 30-42.

정나래, 이민규(2014). 수용 전념 치료(ACT)가 알코올 의존 환자들의 정신건강에 미치는 효과. 한국심리학회지: 건강, 19(4), 909-930.

정우진, 이선미, 김재윤(2009). 음주의 사회경제적 비용. 서울: 집문당.

Alexander, F., & French, T. M. (1946). *Psychoanalysis therapy: Principles and application*. New York: Ronald Press.

American Psychiatric Association (1994). *Diagnostic and statistical manual of mental disorders* (4th ed.). Washington, DC: Author.

American Psychiatric Association (2013). *Diagnostic and statistical manual of mental disorders* (5th ed.). Arlington, VA: Author.

Fenichel, O. (1945). *The psychoanalytic theory of neurosis*. New York: Norton.

Fox, R. (1965). Psychiatric aspects of alcoholism. *American Journal of Psychotherapy, 19*, 408-416.

Heffner, M., Eifert, G., Parker, B., Hernandez, D., & Sperry, J. (2003). Valued directions: Acceptance and commitment therapy in the treatment of alcohol dependence. *Cognitive and Behavioral Practice, 10* (4), 378-383.

Jellinek, E. M. (1952). Phases of alcohol addiction. *Quarterly Journal of Studies on Alcohol, 13*, 673-684.

Kaplan, I. H., & Sadock, B. J. (1989). *Comprehensive textbook of psychiatry*. Baltimore, MD: Williams & Wilkins.

Knight, R. (1971). Evaluation of research of psychoanalytic therapy. *American Journal of Psychiatry, 98*, 434-446.

Liepman, M. R., Nirenberg, T. D., & Begin, A. M. (1989). Evaluation of a program designed to help families and significant others to motivate resistant alcoholics into recovery. *American Journal of Drug and Alcohol Abuse,*

15, 209-221.

McNeece, C. A., & DiNitto, D. M. (1998). *Chemical Dependency: A Systems Approach* (2nd ed.). Boston, MA: Allyn & Bacon.

NIAAA (1999). Psychiatrists loving alcoholics and their families. New York: NIH.

Sales, P. (1994). *Alcohol abuse: How to help a loved one.* Honolulu, HI: Disa Publications.

Sobell, M. B., & Sobell, L. C. (1978). *Behavioural treatment of alcohol problems: Individual therapy and controlled drinking.* New York: Plenum Press.

Sutker, P. B., & Adams, H. E. (1993). *Comprehensive handbook of psychopathology* (2nd ed.). New York & London: Plenum Press.

Tiebout, H. M. (1962). Intervention in psychotherapy. *American Journal of Psychoanalysis, 22*, 1-6.

찾아보기

《인 명》

Fox, R. 107

Tiebout, H. M. 107

Hull, C. L. 97

《내 용》

◎ 저자 소개

하현주(Ha, Hyun-ju)
서울대학교 대학원에서 임상·상담심리학 전공으로 석사학위를 받은
후, 동 대학원에서 박사과정을 수료하였다. 한국상담심리학회 상담심
리사(1급)로 활동하고 있으며, 서울디지털대학교 심리상담센터 상담
교수로 재직한 바 있다. 현재는 서울대학교 대학생활문화원 전문위원
으로 재직 중이다.

ABNORMAL PSYCHOLOGY 17

알코올 장애 잊고 싶은 현실, 잃어버린 자아
Alcohol Disorder

2000년 11월 20일 1판 1쇄 발행
2013년 1월 25일 1판 6쇄 발행
2016년 11월 25일 2판 1쇄 발행
2024년 3월 25일 2판 3쇄 발행

지은이 • 하 현 주
펴낸이 • 김 진 환
펴낸곳 • ㈜ **학지사**

　　　　04031 서울특별시 마포구 양화로 15길 20 마인드월드빌딩 5층

대표전화 • 02) 330-5114　　팩스 • 02) 324-2345

등록번호 • 제313-2006-000265호

홈페이지 • http://www.hakjisa.co.kr
인스타그램 • https://www.instagram.com/hakjisabook

ISBN 978-89-997-1017-9 94180
ISBN 978-89-997-1000-1 (set)

정가 9,500원

■ 출판미디어기업 **학지사**

간호보건의학출판 **학지사메디컬** www.hakjisamd.co.kr
심리검사연구소 **인싸이트** www.inpsyt.co.kr
학술논문서비스 **뉴논문** www.newnonmun.com
원격교육연수원 **카운피아** www.counpia.com